KB069949

마케터의 기본기

마케터의 기본기

팔지 않아도
팔리는 것들의
비밀

주세훈 지음

 4차 산업혁명 시대,
기술의 속도를 앞서는
마케터의 20가지 생각법

다반

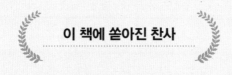

이 책에 쏟아진 찬사

이 책은 단순히 마케팅 이론과 사례를 엮어 놓은 책이 아니다. 저자가 직접 20여 년 동안 업계에서 일하면서 경험한 마케팅 전략들을 사례로 활용하여 자세히 설명하고 있다. 그만큼 실제 현장에서 발생한 일들을 생생하게 전달하고 있어 더욱 공감이 되고 설득력을 지닌다. 미래지향적이고 구체적인 마케팅 방법에 관심이 있는 이들에게 일독을 권한다.

| 김진수 | 중국 텐센트 고문·前 한국인터넷전문가협회장·前 야후 코리아 대표

'모든 상품의 서비스화', 'Link-Live-Line', '시간을 고객에게 돌려주는 쪽으로 변화', '생각의 속도', '소비자와의 동업' 등 이 책이 전하고 있는 메시지가 모두 신선하다. 저자 본인이 업계에서 직접 경험한 일들을 기반으로 설명하여, 독자들은 다양한 트렌드와 주제를 술술 읽으며 익힐 수 있는 아주 유익하고 재미있는 책이다.

| 이오은 | 이베이 코리아 부사장

우리나라 전자상거래 1세대로 얼마 전까지 예스24와 인터파크에 몸담고 있던 훌륭한 인재가 사업현장에서 치열하게 경쟁하며 체험했던 이야기를 솔직하고 담백하게 담아냈다. 온오프라인 경계 없이 마케팅 업무를 하는 많은 이에게 큰 도움이 될 것이다.

| **김윤태** | 한국온라인쇼핑협회 부회장

이 책은 마케팅이 경쟁자와의 싸움이 아니라, 진화하는 시대에 맞춘 소비자와의 동업을 통해 경쟁력을 지닐 수 있다고 조언한다. 온라인 비지니스 분야의 초창기 실무자에서 최고책임자까지 두루 거친 현장의 생생한 경험담은 비즈니스를 시작하는 사업자는 물론 마케팅이나 소비자학을 공부하는 학생들에게도 통찰을 줄 것이라 확신한다.

| **정지연** | 한국소비자연맹 사무총장

오랜 기간 동안 서로 의지하며 지켜봐온 경쟁사의 마게팅 책임자이자 한 부문의 총괄대표였던 필자는 늘 소비자와 끊임없이 소통하고자 했던 경영자다. 4차 산업혁명 시대를 맞아 마케팅 화두로서의 빅데이터, IoT, O2O, AI 등 진화하는 마케팅테크놀로지를 '소비자와의 동업'이라는 관점에서 실감나게 접목한 필자의 경험은 분명 새로운 공감과 지평을 독자에게 제공해주리라 확신한다.

| **권광수** | ㈜대명코퍼레이션 대표

이미 다가온 4차 산업혁명의 시대에 IT, 모바일, 마케팅 트렌드를 과거부터 가까운 미래까지 살펴볼 수 있는 책이다. 저자는 20여 년 동안 직접 체득한 전자상거래 기업에서의 경험과 지식, 마케팅 통찰력을 독자에게 아낌없이 전달하고 있다. 현장에서 일하고 있는 마케터와 예비 마케터에게 일독을 권한다.

| 황현수 | ㈜카카오페이지 부사장

마케팅 생각의 속도가
기술의 속도를 이긴다!

. . .

마케팅 시장은
지금도 변하고 있다

대한민국에서 전자상거래가 시작된 지 벌써 약 23년이 되었다. 1996년 6월 국내 최초로 인터넷쇼핑몰 인터파크가 개업하면서 본격적인 전자상거래 시장이 시작되었다. 미국에서 아마존과 이베이가 개업한 지 불과 1년 뒤의 일이었다. 인터파크와 같은 달에 롯데닷컴이 오픈했으며 이듬해인 1997년에는 신세계, e현대, 삼성몰 등 기존에 오프라인 매장이 있던 대기업들이 온라인 매장을 연이어 개시했다. 또한 1998년에는 국내 최초로 인터넷서점인 예스24가 등장했다.

통계청 자료에 따르면 2018년 국내 온라인쇼핑 전체 거래액은

111조 원까지 성장했다. 이는 국내 전체유통시장에서 20%를 차지하는 비중으로, 지난 2010년에 거래액 25조 원을 기록한 뒤 8년 동안 340% 이상 폭발적으로 성장한 결과다. 심지어 스마트폰 사용이 활성화되면서 모바일쇼핑 거래액은 69조 원으로 그 비중이 60%를 넘어서고 있다.

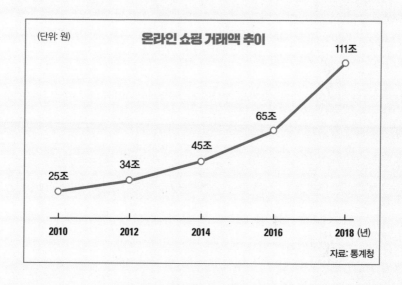

이렇듯 온라인 쇼핑몰의 등장은 우리가 그동안 익히 듣고 배워왔던 전통적인 마케팅 개념과 방법을 빠르게 변화시켰다. 어느새 '4차 산업혁명 시대' 또는 '초연결 시대'라며 미래에 어울리는 마케팅을 제시해야 한다고 재촉받는 분위기다. 인터넷서점 예스24에서 마케팅 담당자로, 종합쇼핑몰 인터파크에서 마케팅 임원CMO

및 도서 부문 대표로 근무하며 20년 가까이 전자상거래 마케팅 업무를 담당해온 나에게도 변화하는 **시대의 흐름에 맞추기 위해서는** 예전보다 훨씬 큰 노력이 필요함을 느낀다.

...

새로운 시대에는
새로운 마켓 마인드가 필요하다

전자상거래 시장은 길지 않은 시간 동안 가격경쟁, 배송경쟁, 서비스경쟁, 기술경쟁 등 쉴 새 없이 치열하게 경쟁하며 발전해오고 있으며, 이 과정에서 많은 쇼핑몰이 역사 속으로 사라지기도 했다. 지금까지 현장에서 근무하는 사람들은 경쟁속도에 맞춰 치열하게 달리다 보니 그들의 경험을 후배나 동료들에게 전달할 기회가 적을 수밖에 없었다. 여기에 내가 이 책을 내게 된 이유가 있다.

얼마 전 지인의 부탁으로 모처럼 회사가 아닌 대학교와 창업사관학교에서 특강을 하게 되었다. 현역 종사자로서 마케팅 시장에 관심을 지닌 후배들에게 경험과 지식을 공유할 좋은 기회였기에, **현장에서 겪은 경험을 생생하게 전달하면서 시장을 바라보는 마인드 변화의 필요성을 강조해야겠다는** 생각이 들었다. 이에 따라이 시대에 요구되는 '마켓 마인드Market Mind' 20가지를 정리했다.

현장에서 마케팅전략을 기획하다 보면 시대가 바뀌면서 소비자의 관점과 고민이 달라지는 것을 경험한다. 과거의 소비자들은 상품 제조와 유통에 의견을 적극적으로 제시하고 고객 중심의 마케팅 활동을 유도하던 '프로슈머Prosumer'였다. 그러나 현재는 이 수준에서 더 나아가 상거래의 한 축을 담당하며 마케터의 역할을 능동적으로 수행하는 '마켓슈머Marketsumer; marketing+consumer'로 발전하고 있다.

이에 이 책에서는 비즈니스모델과 수익구조까지 바꾸는 소비자의 역할을 정확히 이해하고, 시대의 흐름에 맞춰 마케팅에 이를 어떻게 활용해야 하는지를 구체적으로 정리하고자 한다. 특히 빅데이터Big data, 인공지능AI, Artificial Intelligence, 사물인터넷IoT, Internet of Things 같은 IT기술의 발전과 공유경제 및 구독경제로 대표되는 소비생활의 혁신을 설명할 것이다. 이들에 잠재하는 소비자의 가치를 발견한다면 당신도 주변의 마케팅에 눈이 뜨이고 새로운 사업의 기회도 찾을 수 있을 것이라 확신한다.

...

마케팅의 본질은
알아서 잘 팔리는 구조를 만드는 것

최근 방문했던 중국의 대표적인 IT 도시인 '선전시深圳市'에는 이미 버스와 택시가 모두 전기자동차로 바뀌어 있었다. 또한 거리마다 공유자전거가 넘쳐나고, QR코드를 활용한 간편결제가 일반화되어 시민들이 소비생활을 편리하게 즐기고 있었다. 이 모습을 보면서 IT기술이든 온라인사업이든 먼저 시작했다고 항상 앞서가는 것이 아니라, 빠르게 하는 것이 앞서가는 길임을 다시 한번 깨달을 수 있었다. 이를 위해서는 시장의 변화를 정확히 예측하고 무엇을 선택할지 판단하는 자세가 필요하다.

내가 오랜 기간 근무한 '인터파크'와 '예스24'는 우리나라에서는 드물게 벤처기업으로 시작하여 코스닥 상장기업으로 빠르게 성장한 곳이다. 나는 그 과정에서 다양한 시장의 이야기와 사업제안을 접할 수 있었고, 어떠한 부분에서는 실패하거나 아쉬운 선택을 하기도 했다. 그러면서 사업적으로 결정해야 하는 사안이 있거나 고민이 있을 때마다 해답을 구하고자 책을 찾아 읽었는데, 이런 경험들이 이번에 책을 쓰는 동기가 되기도 했다.

마케팅은 일회성 판매로 그치는 것이 아니라, 성수기든 비수기든 잘 팔리는 구조를 만들어야 한다. 이 책에는 그동안 직접 마케팅으로 시장을 바꾸어본 실전 경험과 함께 동료들과 고민했던 과제들 그리고 앞으로 예상되는 업계의 전망을 담아내려고 한다. 과거의 발자취가 아니라 현재까지 이어지고 있는 일련의 과정을 담고자 했다. 다만 이론으로 정리하는 것에 익숙한 전문가이기보다는 실제 마케팅 현장에서 체험을 쌓아온 실무자다 보니 다소 설명이 미흡하거나 주관적일 수도 있겠다. 그러나 빠르게 바뀌는 시장 속에서 직접 일해온 산증인으로서 앞으로의 시장을 바라보는 관점을 전달하고, 이를 통해 우리를 둘러싸고 있는 주변의 마케팅 구조를 이해할 수 있도록 정리했다.

이 책이 지금도 현장에서 더 효과적인 마케팅을 위해 고민하는 동료들과 마케팅에 관심을 두고 공부하는 독자들에게 도움이 되길 바란다. 특히 스타트업 및 기업 CEO분들에게 최근까지의 현장 경험과 고민을 전달하여 국내 상거래의 꾸준한 발전에 속도를 더할 수 있기를 희망한다.

마지막으로 이 글에 많은 도움을 주신 업계의 선후배 동료들께 감사드린다.

주세훈

1장

마켓 마인드
당신의 경쟁 상대가 바뀌었다

시장을 보는 관점을 바꾸면 기회가 보인다

"인터넷에서 책을 판다고?
누가 직접 읽어보지도 않고 책을 사겠어?"

20년 전 강남의 어느 오피스텔에서 5명이 모여 인터넷서점을 시작하면서 가장 많이 듣던 말이다. '책은 서점에 가서 직접 들춰본 뒤에 사는 것'이라며 인터넷 서점에 대한 주변의 부정적인 시선과 염려가 많았고, 심지어 출판사들은 우리 사업이 금세 없어질 것이라며 공급 계약조차 맺어주지 않았다. 이때문에 우리는 주문이 들어올 때마다 직접 인근 대형 서점과 도매상을 찾아가 책을 구입해온 뒤 주문별로 포장하여 배송했다. 때마침 오피스텔 지하에 있던 커피숍이 폐업하자 우리는 그곳을 물류센터 삼아서 택배를 포장하고 배송했다. 이 같은 과정을 통해 결국 우리도 고객들도 모두 '책'이 배송되는 '상품'이 된다는 것을 경험하고 증명했다.

"할인을 적립금으로 제공한다고?
누가 직접 할인받지 않고 적립금으로 받겠어?"

불과 10여 년 전만 해도 적립금이라면 판매액의 1~3% 정도를 고객유지 차원으로 지급하던 것이 일반적이었다. 이때 떠오른 아이디어가 가격 할인보다 더 큰 액수의 적립금으로 대신 지급하자는 것이었다. 이를 통해 쇼핑몰은 비용 부담을 줄이고 고객에게 더 많은 혜택을 제공할 수 있으리라 생각했기 때문이다.

이 아이디어는 '고객은 적립금을 할인이 아니라 사은품으로 생각할 것'이라는 주변의 예상을 벗어나 큰 반향을 얻으면서 이제는 너무나 일반적이고 당연한 마케팅이 되었다. 이렇게 시작된 우회 할인 제도를 자세히 들여다보면, 이는 고객이 당장 경제적 이득을 받는 대신에 더 큰 할인 기회를 다음 구매 시에 보장해줌으로써 재구매를 약속하는 일종의 동업 구조다.

마케팅으로 불일치의 균형을 맞춰라

시장에서는 가격 할인 때문에 인터넷서점을 이용하는 것일 뿐 가격의 메리트가 없으면 아무도 이용하지 않으리라 전망했기에 도서정가제가 시행되면서부터는 그 우려가 더 커졌다. 그러나 2007년에 처음으로 선보인 당일 배송 서비스를 통해 고객들은 책을 배송 상품으로 받아들였다. 또한 독자들이 책을 읽은 뒤 인터넷서점 사이트를 통해 후기를 공유하거나, 직접 작가와 만나 이야기 나눌 수 있는 경험을 제공받는 등 인터넷서점은 꾸준히 책 소비에 대한 범위를 확대하며 발전하고 있다.

여기서 알 수 있듯이 **소비 과정의 확대는 판매자와 소비자 간의 요구에 대한 균형을 맞춰가며 만들어가는 것**이다. 소비자는 상품을 직접 보지 못하고 구입하는 대신에 집까지 배송해주거나 할인 혜택을 제공받을 수 있고, 가격을 할인받지 못할 때는 우회 할인으로 혜택을 늘리거나 보다 빠른 배송 등으로 불일치의 균형을 맞추었다.

또한 고객들은 단순히 상품을 소비하는 데 그치지 않고 다양한 후기를 공유하고, 소비 활동을 온오프라인 구분 없이 일상생활 속

깊숙이 확장시켰다. 그 결과 쇼핑몰은 콘텐츠 제작과 마케팅 비용을 아끼고, 고객은 이전에 없던 쇼핑의 재미와 경험을 제공받게 되었다.

이커머스E-commerce 마케팅에서 가장 중요한 요소로 떠오르는 것은 바로 '소비자'다. 특히 빅데이터, 인공지능, 사물인터넷으로 대표되는 4차 산업혁명 시대에 공통적으로 관통하는 것은 '소비자와의 동업'이다. 즉, 고객이 무엇을 원하고 어떠한 혜택을 기대하는지에 대한 해답은 더 이상 마케터의 개인적인 경험이나 상상력에 있지 않다. 각종 데이터 분석과 의사소통 기술을 통해 정확하게 예측해내거나 자연스레 고객들에게 직접 제공받을 수 있기에 마케팅의 성공 확률은 높이고 비용은 줄여갈 수 있게 되었다. 이에 다양한 사례와 경험을 살펴보고 어떻게 고객과 협업할 수 있는지 분석할 필요가 있다. 그동안 모르고 지나쳐버린 나만의 동업자를 찾아보자.

직원들에게 "마케팅이란 무엇이라 생각하는가?"라고 질문했을 때 선뜻 답변하는 경우가 드물다. 그나마 듣는 답변은 주로 '고객들에게 만족을 주어 우리의 제품을 구매하도록 하는 행위'라는 것이다. 틀린 답은 아니지만 그렇게만 정의하면 우리가 하는 마케팅 활동들이 단순해지거나 모호해진다. 효과적인 마케팅을 기획하기 위해서는 마케팅이 무엇인지를 먼저 되짚어보면서 이후의 활동들을 이해할 필요가 있다.

'마케팅Marketing'은 단어에서 알 수 있듯이 시장에서 이뤄지는 모든 행위를 말한다. 너무 단순하다고 어이없어할지도 모른다. 그렇다면 시장market은 왜 생겨났을까? 인류 역사적 배경에서 설명하자면, 수렵과 농업 활동으로 살아가던 우리의 먼 조상님(호모 사피엔스)들의 발달 과정과 관련이 있다. 그들의 능력과 기술이 발달하면서 사냥하는 조상님은 더 많은 동물을 잡을 수 있게 되었고, 농업을 하는 조상님은 더 넓은 땅을 개간하여 많은 쌀과 채소를 수확할 수 있게 되었다. 당시에는 지금과 같은 냉장 보관 시설도 없다 보니 가지고 있다가 상해서 버리기보다는 남는 물건들을 미리 각자의 필요에 맞춰 교환하기 위해 모여들었고, 그렇게 자연스레 시장이 생겨났다.

자급자족 사회에서 분업화로 변화하면서 생산과 소비의 불일치가 발생했는데, 그 가운데 대표적인 세 가지가 **구색의 불일치와 정보의 불일치, 시간과 공간의 불일치**다.

농사짓는 사람은 쌀이 많지만 먹고 싶은 고기는 갖지 못했고, 수렵 활동을 하는 사람은 곡식이 필요했을 것이다. 이때 각자 가진 것을 필요한 것과 맞교환하면서 구색의 불일치를 맞춰간다. 쌀과 고기를 어느 정도의 비율로 바꿔야 할지, 소고기 대신에 양고기로 바꾸는 건 어떨지 고민하기도 한다. 후회 없는 소비를 위해 주변 사람들의 교환정보를 듣고 정보의 불일치를 맞춰간다. 그리고 언제 어디서 만나야 더욱 많은 사람과 상품이 모일 수 있는지 시간과 공간의 불일치를 맞추기 위해 생겨난 곳이 바로 시장이다. 이곳에는 사고 싶은 상품과 지급할 가격 그리고 이에 대한 다양한 평판이 교환되는데 이러한 모든 활동이 마케팅이다.

즉, **마케팅이란 소비자와 판매자 간 불일치의 균형을 맞추는 것이다.** 여기서 한 가지 중요한 사실은 마켓에 모인 모두가 소비자이자 생산자라는 점이다. 결국 우리에게는 소비자와 판매자의 DNA가 공존한다는 것이다.

Market Mind 1
마케팅은 소비자와 판매자 간
불일치의 균형을 맞추는 과정이다.

이제는 IT기술의 눈부신 발달로 불일치의 대상도 변하고 있다. 소비자와 판매자의 경계가 모호해지고 온오프라인의 구분도 없어졌으며, 소비자에게 제공하는 혜택도 기존의 '경제적 이익'만이 아니라 재미와 경험과 같은 '감성적 이익'으로까지 확대되었다.

이렇다 보니 기존처럼 판매자가 일방적으로 서비스를 제공하는 형태로는 점점 다양하고 개인화되는 소비자들의 수요를 제대로 맞출 수 없게 되었다. 하지만 IT기술을 통해 소비자와 직접 소통하며 소비자가 원하는 것을 수용하고 제공한다면, 판매자는 비용과 실수를 줄일 수 있고, 소비자는 원하는 것을 정확하게 받아내며 서로 윈윈win-win하는 동업자가 될 수 있다. 결국 동업이란 **서로의 욕구에 대한 균형을 맞추면서 유지할** 때 발전할 수 있다. 이제 무엇을 주고 어떤 것을 받을지 살펴보자.

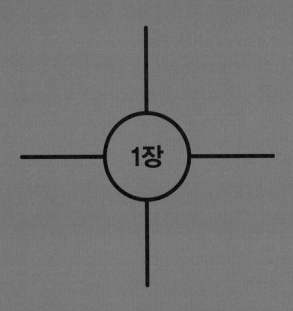

마켓 마인드

당신의 경쟁 상대가 바뀌었다

The basic of marketer

상품을 팔지 말고
시간을 팔아라

MARKET
MIND

당신의 경쟁 상대는 옆 사람이 아니다

전자상거래 시장에서 수많은 경쟁업체의 경쟁이 한창일 때 『나이키의 상대는 닌텐도다』라는 책이 출간되었다. 그 당시 나는 시장을 바라보는 관점을 고민하고 있었는데, 스포츠용품 회사인 나이키Nike의 경쟁 상대가 전혀 연관 없어 보이는 게임회사 닌텐도 Nintendo라는 말에 궁금증이 일었다.

나이키는 1994년부터 5년 연속 3배 이상의 경이적인 성장을 기록한 뒤에 서서히 성장이 둔화하기 시작하자 2006년에 경영혁신을 단행했다. 이때 경쟁 상대로 규정하는 곳은 리복, 아디다스 같은 동종의 스포츠용품 회사가 아니라 분야가 전혀 다른 게임업체인 닌텐도와 컴퓨터업체인 애플Apple이었다. 그 이유는 청소년들이 운동장에서 농구나 축구를 해야 운동화가 닳아서 새로운 운동화를 사게 되는데, 집 안에서 닌텐도 게임이나 PC에 몰두하다 보니 운동화 판매가 줄어들었다.

이런 사례가 과연 운동화뿐일까? 예를 들어 출판사의 경쟁 상대는 다른 출판사가 아니라 넷플릭스Netflix나 유튜브YouTube가 된다. 이제 지하철 안에서 책을 읽는 모습은 사라지고 대부분 스마트폰으로 동영상을 시청한다. 주로 독서에 활용하던 지하철 이동시간을 동영상 업체들이 가져간 것이다.

이때 중요한 개념이 바로 '시간점유율'이다. **어느 정도의 소득을 가진 소비자들에게 제한된 자산은 '시간'뿐**이다. 과거 경제적 형편이 어렵거나 부족했던 시절에 상품을 대량으로 생산하여 싼 가격으로 많은 고객에게 판매하는 게 중요했다면, 이제는 넘쳐나는 상품들 사이에서 자신들의 제품과 서비스를 이용하는 시간을 가져와야 한다. '매출액을 기준으로 하여 동종업계에서 자신의 회사가 어느 정도의 시장을 점유하고 있는가'인 '시장점유market share'가 아니라 '제한된 고객의 시간을 어떻게 얼마나 가지고 오는가'

인 '시간점유Time share'의 관점이 이전보다 더 중요해졌다는 이야
기다.

이제는 시장점유율이 아니라 시간점유율의 싸움이다.

결국 나이키는 신발에 센서를 부착하여 스마트폰과 연동시켜서
자신의 운동량을 관리하고 지인들과 공유하는 '나이키 플러스' 서
비스를 선보이며 소비자들이 밖에서 운동을 즐기도록 자극했다.
이제는 '나이키 런 클럽NRC, Nike Run Club'이라는 애플리케이션을
통해 친구들과 함께 목표에 도전하거나 운동하는 모습을 인스타
그램이나 페이스북 등 소셜미디어에 올려 자랑하게 하면서 소셜
네트워크서비스와도 경쟁하고 있다.

즉 운동화라는 제품에 게임과 재미 요소를 추가하여 빼앗긴 고
객의 시간과 마음을 가져오고 있다. 고객들이 친구들을 불러오고
함께 달리면서 콘텐츠와 데이터를 스스로 제공해주면 서비스는
계속 발전하게 되며, 고객들은 그 콘텐츠를 위해 나이키 신발을
신고 또 달릴 것이다.

'나이키 런 클럽' 앱 소개 화면

'나이키 런 클럽' 사용자들이 공유한 인스타그램 게시물

▲ 나이키는 '나이키 런 클럽'이라는 애플리케이션 서비스를 통해 운동용품 판매량을 늘렸을 뿐만 아니라 소셜미디어를 통한 홍보 효과도 얻고 있다.

요즘에는 책을 읽는 사람들이 크게 줄었다. 독자들은 그동안 책을 읽으며 보냈던 시간에 더 재미있는 다른 콘텐츠를 소비하는 쪽으로 바뀌었다. PC나 스마트폰으로 온라인게임을 하거나 소셜미디어에 사진을 올리기도 하고, 유튜브에서 다양한 영상을 찾아보거나 넷플릭스에서 다양한 드라마나 영화를 감상한다. 이들 모두가 서점의 경쟁 상대다. 그들과 경쟁하려면 더 유익하거나 재미있거나 편리하면서도 값싸게 제공해야 한다.

그나마 밀리의 서재, 리디북스, 비블리 같은 신생기업들이 정액제, 구독 서비스, 오디오북, 맞춤 추천과 같이 다양한 책 읽기 서비스를 제공하면서 다른 콘텐츠들의 시간과 경쟁하려는 모습은 주목할 만하다.

고객의 편의성과 시간이
경쟁의 목적이다

과연 앞으로 택시의 경쟁 상대가 우버Uber, 그랩Grab 같은 차량 공유 서비스일까? 만약 자동차 업체들이 값싼 모델을 출시해서 지금보다 더 많은 사람이 차량을 보유하게 되거나 인공지능을 탑재한 자율주행차가 더 빠르게 보급되면 어떻게 될까?

실제로 미국의 전기차 제작회사인 테슬라Tesla는 2020년부터 '로봇 택시' 서비스를 운영할 계획이라고 밝혔다. 차량 주인이 차량을 사용하지 않는 시간을 등록해놓으면, 오토파일럿 시스템을 장착한 테슬라 차량이 스스로 밖에 나가서 자율주행으로 택시 운행을 하고 주차장으로 다시 돌아오는 방식이다. 이때 차량 이용요금의 30% 정도를 떼고 나머지를 차 주인에게 지급하겠다고 한다. 이는 전 세계 숙박 공유 업체인 에어비앤비Airbnb와 차량 공유 서비스 우버를 혼합한 형태로 보인다.

더 나아가 3D 프린터가 보급된다면, 필요한 물건이 생겼을 때 밖으로 나가서 사 오는 것이 아니라 집에서 바로 제작해서 사용하게 되어 택시의 경쟁자는 각종 3D 장비를 구입한 고객이 될 수도 있다. 이 같은 사례를 자세히 들여다보면 결국 우리가 모두 **더 편리해지거나 이동 시간을 절약하기 위해서** 낯선 사람이 운전하는 차에도 오르고 자신의 차량을 남들이 사용하도록 하면서 **소비자가 변하고 있음**을 알 수 있다.

에어비앤비 같은 숙박 공유 서비스의 등장이 호텔 사업에도 큰 영향을 미치고 있는데, 호텔 입장에서는 동네의 가정집들이 자기의 경쟁 상대가 될지는 상상도 못 했을 것이다. 하지만 인터넷을 통해 자유로이 정보를 주고받을 수 있는 플랫폼의 등장으로 각 가정집의 빈방이 공유되기 시작하면서 예상하지 못한 경쟁에 내몰리고 있다. 이처럼 숙박이라는 점에서 본다면 호텔이나 가정집도 서로 경쟁자가 된다.

우리 집 안의 냉장고도 경쟁 상대가 있을까? 냉장고의 필요성은 음식물을 차갑게 보관하여 더 오래 신선하게 보관한다는 점, 매번 장 보러 갈 시간이 없으니 한꺼번에 사 와서 며칠 분량의 음식을 보관한다는 점이다. 이 같은 이유에서 보면 신선식품과 음식을 바로바로 배송해주는 '마켓컬리'나 '배달의 민족'이 냉장고의 경쟁 상대일 수 있다. 매일 새벽에 신선한 음식 재료가 도착해 있고, 주문한 지 10~20분 만에 맛있는 요리가 배달된다면 음식 재료를 보관할 냉장고의 크기는 작아질 수밖에 없으니 가전업체의 매출에도 영향을 미칠 것이다.

당연함의 불편함을 지적하라

기술이 급격히 발달하고 유행이 빠르게 변하면서 지속적으로 소유해야 할 상품이 점점 줄어들고 있다. 영화나 음악도 파일 형태로 저장해서 들었던 과거와 달리 현재는 스트리밍으로 흘려가며 소비하고, 약속 장소에 갈 때는 공유자전거나 공유전동킥보드, 공유차량을 이용하면 되는 시장이 되었다. 고객은 원하는 시간과 장소에서 원하는 것을 소비하기 위해서 공유받기도 하고 공유된 것을 필요한 만큼만 점유하기도 한다.

요즘의 광고를 보면 그동안 당연히 해왔던 일을 불편함으로 인식하게 하는 경우가 많다. '왜 사서 써? 그냥 빌려 써.", "왜 매번 사러 나가? 가져다주는 거 써."와 같이 소비 과정의 일부라고 당연하게 생각했던 것을 불편함으로 인식하게 하는 것이다. 그 안에 담긴 공통점은 바로 고객의 시간에 대한 개념이다. 빨리 올 수 있는 주변의 차량을 직접 부르는 것, 가까운 거리를 신속하게 이동하기 위해 공유자전거나 공유차량을 이용하는 것, 로켓처럼 빨리 배송받는 것, 잠자고 있는 새벽에 배달해놓는 것, 나에게 맞는 책을 알아서 골라 읽어주는 것, 제품 구매를 위해 고민하지 않고 주변의 것을 손쉽게 빌려서 사용하는 것에는 모두 시간 개념이 있다.

예스24에 근무할 때 당일 배송 서비스인 '총알 배송'을 선보이면서 고객들과 어떻게 소통할지를 고민하여 만든 광고가 일명 '클릭 퓽 띵동'이다. 인터넷으로 주문을 '클릭'하자마자 상품이 '퓽'하고 총알처럼 문 앞으로 날아와서 '띵동'하고 벨을 누르는 과정을 보여주어 그만큼 빠른 속도로 배송된다는 점을 강조했다. 이 광고를 기획할 때 가장 무게를 두었던 점은 기존의 구매 행태와의 단절이다. 쇼핑하기 위해 당연히 밖으로 나간다는 고정관념을 불편함과 시간 낭비로 인지하게 해서 집에서 편하게 주문하면 즉시 가져다주어 훨씬 편리하고 시간을 절약할 수 있다는 것으로 대체하고 고객들의 소비 생각을 변화시키는 데 초점을 맞춘 것이다.

지금까지 살펴본 사례들에서 무엇을 깨달았는가? 시간점유율은 상품이나 서비스를 직접 소비하는 시간이라는 개념과 함께 소비를 위해 투입해야 하는 시간을 어떻게 다룰 것인가에 대한 개념도 포함한다. 상품을 구매하기 위해 매장으로 가는 시간, 원하는 상품을 고르는 시간, 줄서서 기다리는 시간 등등 하나의 소비를 위해서는 제한된 시간의 일정 부분을 투입해야 한다. 이때 이전의 마케팅은 그 시간을 판매자 쪽으로 가져오려는 것이었다면 이제는 그 **시간을 고객에게 돌려주는 쪽으로 변화해야** 한다.

이런 변화에 따라 공유경제, 구독경제, 큐레이션Curation, O2OOnline to Offline, 온디맨드On-demand 등 새로이 쏟아져 나오는 수많은 마케팅 관점은 고객의 시간(일상생활) 속으로 더 스며들고 있다. 겉으로는 다양한 제품 가운데 하나를 선택하는 것처럼 보일 수 있다. 그러나 그 안에는 만족스러운 가격이나 상품을 찾는 데 드는 시간과 노력을 줄이고 빠르게 배송함으로써 고객들의 시간을 절약해주며 지속적인 구매와 방문을 유도하는 것임을 알 수 있다.

이처럼 주변에서 이루어지는 마케팅 전략들이 모두 고객의 시간점유율을 두고 경쟁하는 것임을 깨닫는다면 당신의 경쟁자를 어디에서 어떻게 찾아야 하는지도 알 수 있을 것이다.

마케터의
상상은
현실이 된다

MARKET
MIND

낯선 자와 동업하라

'포털사이트' 하면 무엇이 떠오르는가? 대부분의 사람은 궁금한 내용을 검색해서 필요한 정보를 찾는 곳으로만 생각할 것이다.

예전에 구글에서 흥미로운 자료를 발표한 적이 있다. 미국 내 검색에 근거한 구글의 예측과 관계 당국의 실제 독감 환자 데이터가 정확하게 맞아떨어진다는 사실이었다. 사람들이 열이 나거나 기침을 하면 구글에서 '기침', '콧물', '감기약' 등 감기와 관련된 키워드를 검색한다. 이때 구글은 관련 검색어들의 증가와 IP주소를 분석하여 어느 지역에서 독감이 발생해서 다른 지역으로 확산해 가는지를 실시간으로 확인할 수 있었다는 것이다.

일반적으로 미국에서 질병을 파악하고 관리하는 질병통제센터 CDC, Centers for Disease Control 기관에서 각 지역에서 발생한 질병을 파악하는 데 무려 2주 가까이 걸리지만, 구글은 실시간으로 파악하고 예측할 수 있으니 포털사이트와 의료기관이 협업한다면 더욱 빠르게 질병예방업무를 할 수 있지 않을까?

선거 예측에서도 비슷한 사례를 종종 볼 수 있다. 특정 후보의 검색량과 연관검색어를 분석해서 상대 후보보다 검색이 많은지와 긍정적·부정적 기사의 노출 정도, 각 기사의 공감 수와 공유량 등 다양한 데이터를 분석하면 선거의 당락도 포털사이트를 통해 예측할 수 있다.

이러한 방식에 제품이나 서비스를 적용한다면 마케팅 효과를 실시간으로 확인하고 앞으로의 생산 계획에 도움을 받을 수 있다. 결국 고객들이 만들어내는 무수한 데이터를 활용함으로써 그동안 소비자들이 단순히 정보를 얻기 위해 방문했던 포털사이트가 이전에는 예상하지 못했던 다양한 사업과 동업할 수 있다는 얘기다.

요즘 냉장고 광고를 보면 냉장고가 와이파이Wi-Fi로 인터넷에 연결되어 냉장고 안에 보관된 제품의 유효기간을 관리해주고 그 재료로 할 수 있는 요리법을 알려주며, 요리하는 동안 음악이나 라디오를 들려주거나 물건도 주문해준다. 즉 냉장고에 인터넷이 결합한 것이다.

집 안에서 스스로 돌아다니는 로봇청소기의 미래는 어떨까? 거실을 청소하던 로봇청소기 앞에 죽은 벌레들이 계속해서 나타났다면 쓸어 담아 치울 뿐만 아니라 로봇청소기가 직접 방역업체에 연결하여 소독을 예약한다. 외출 시에는 방범기능을 실행하여 집 안의 수상한 움직임을 감지하면 그쪽으로 이동하여 의심되는 곳을 비춰보거나, 반려동물 돌봄 기능을 추가하여 주인 대신 먹이를 줄 수도 있을 것이다. 이 경우 가전업체는 방역업체나 보안업체와도 동업할 수 있지 않을까?

이처럼 앞으로 다양한 가전제품에 인터넷이 연결되고 각종 데이터를 실시간으로 클라우드에 전송하며 인공지능으로 다양한 행동까지 할 수 있다면 서로 다른 분야의 산업들의 동업이 실현될 수 있다.

또 다른 상상으로 자율주행차가 대중화된다면 과연 누가 돈을 벌게 될까? 아마 디지털 콘텐츠 업체일 것이다. 운전하면서 직접

▲ 자율주행차가 대중화되면 더 많은 사람이 이동하면서 영화나 음악 등 디지털 콘텐츠를 이용할 것이다.

운전대를 잡을 일이 없다면 이동하는 차 안에서 5G로 영화를 보거나 음악을 들을 수 있다. 이렇게 되면 자동차 회사는 넷플릭스나 멜론Melon 등과 동업하여 아예 자동차 내부에 핸들이나 계기판 대신에 전용 스크린모니터와 음향 기구를 장착해서 출시하고, 특정 자동차 이용자들만을 위한 전용 영화나 드라마를 제작해서 보여줄 수도 있다. 또한 이를 위해서는 자동차가 플랫폼으로서 다양한 기능을 탑재해야 하므로 결제 업체나 통신 업체들은 자동차 업체와의 동업도 중요한 요소가 될 수 있다.

어제의 적이 오늘의 동지가 된다

생각을 바꾸면 동종업계의 경쟁자 아니라 동업자가 될 수 있다. 아직도 종이신문을 배달받아 읽기를 선호하는 소비자들도 적지 않겠지만 신문사별로 보면 과거보다 구독자가 많이 줄었다. 다양한 신문사의 신문을 구독할 수 있는 통합구독 서비스를 만들어 구독자들이 몇 번의 클릭만으로 여러 종류의 신문을 번갈아가며 배송받거나 여러 신문을 같이 받아보기도 하면 어떨까? 휴가나 개인 사정이 있을 때는 구독을 일시 정지하는 기능으로 편리성을 높일 수 있고 삽지 광고도 신문마다 넣는 것보다 더 효과적일 수도 있다.

Market Mind 3	성장을 지속하는 가장 쉬운 방법은 경쟁시장을 바꾸는 것이다.

그동안 사물인터넷이 빅데이터나 인공지능과 별개로 인식되었다면, 이제는 초고속 5G의 등장으로 실시간 연결되면서 완전히 새로운 시장의 기회가 생겼다. 기존의 기기들은 데이터를 입력받거나 정보를 전달해주는 수준이었지만, 이제는 클라우드에 있는

빅데이터와 이를 통해 학습된 인공지능으로 실시간 통신하여 특정 일을 처리하거나 해결해주는 등 도움을 준다. 특히 구글 글라스나 VRVirtual Reality 단말기처럼 사람이 몸에 착용할 수 있는 웨어러블 기기와 연결된다면 막강한 동업자를 바로 옆에 둔 것과 마찬가지일 것이다.

앞서 이야기했듯 제한된 시간의 관점에서는 **소비자가 많은 시간을 쓰지 않으면서 한 공간에서 더 많은 서비스와 다양한 소비를 할 수 있어야** 한다. 이 목적을 생각한다면 앞으로 더욱 다양한 서비스가 하나의 제품에 융합되는 것은 당연한 미래다.

마케터의
미래 경쟁자는
소비자다

MARKET
MIND

고객의 변화에 예민해져라

숙박 공유 플랫폼인 에어비앤비는 '어디에서나 우리 집처럼 Belong anywhere'을 내세우며 불과 10년 만에 190여 개 국가, 3만 4,000여 개 이상의 도시에서 300만 개가 넘는 숙소를 판매하고 있다. 이는 어느 호텔도 이루지 못한 일이다. 또한 차량 공유 플랫폼인 우버는 전 세계의 600여 개 도시에서 몇 번의 클릭만으로 택시보다 손쉽게 주변의 공유된 자가용을 이용할 수 있게 만들었다.

숙박 공유 플랫폼 에어비앤비

차량 공유 플랫폼 우버

▲ 에어비앤비와 우버는 공유 플랫폼 시장을 선도하는 세계적인 기업이다.

이처럼 전 세계의 수많은 사람이 얼굴도 모르는 낯선 이들에게 자기 집의 빈방을 빌려주기도 하고 차량을 제공하며 수익을 창출하고 있다. 이는 곧 주변의 호텔들과 택시, 자동차회사들은 얼마 전까지 자신들이 고객이라고 믿었던 사람들과 경쟁하게 되었음을 의미한다.

그동안 고객들은 대량생산과 대량소비를 통해 필요 이상의 재화를 구매하게 되면서 사용하고도 남는 잉여자산을 어떻게 활용해야 하는지 몰랐지만, 모바일과 소셜미디어의 발달이 이를 쉽게 공유하고 소비할 수 있도록 하면서 공유경제라는 패러다임이 생겨났다.

본인의 잉여자산을 다른 사람과 공유하는 데 익숙해지자 이제는 서로가 공통으로 필요한 자산을 소유하지 않고 공동으로 사용하는 방식으로까지 발전했다. 한 채의 집에서 여러 명이 같이 생활하는 '셰어 하우스Share house' 방식이 아니라 각자 독립된 주거 공간은 유지하면서도 주방이나 거실 같은 기능 공간은 따로 분리하여 함께 사용하는 '공유 주방'과 '공유 거실'이라는 새로운 생활 양식을 만들어냈다. 보다 편리하게 사용할 뿐만 아니라 1인 가구들에는 부족한 이웃 사람들과의 네트워킹까지 제공하기에 이르렀다. 단순히 소유한 것들의 공유에서 벗어나 생활을 나누는 '라이프 셰어Life share'의 모습으로 변하고 있다.

이러한 변화는 비즈니스에도 영향을 주어서 '위쿡WeCook'과 같은 배달형 공유 주방도 등장하고 있다. 위쿡은 온라인주문과 배달 시스템의 발달에 따라 매장 없이 오직 주방만을 두고 사업하는 것으로, 다양한 요리업체가 설비를 갖춘 공유주방을 같이 이용하고 식자재도 같이 발주하는 방식으로 운영한다. 창업하는 사업자들이 초기 자금을 줄일 수 있는 좋은 기반이 만들어진 것이라 할 수 있다.

심지어 일하는 방식도 변하고 있다. '위워크WeWork', '패스트 파이브Fastfive', '스튜디오 블랙' 등 공유 사무실이 등장하면서 사무실에 대한 개념이 '공간Space'에서 '솔루션Solution'으로 바뀌었다. 공유 사무실에는 신생기업이나 1인 창업자가 보증금 없이 월 이용료만 내고 손쉽게 입주하여 각자의 성공을 위해 근무할 수 있다.

사업 경험이 부족하다면 공유 사무실 운영업체에서 제공하는 다양한 업무강좌나 입주사간 네트워킹 모임에 참여하여 공부할 수도 있다. 다양한 규모의 회의실과 접견 장소, 사무 설비는 모바일로 예약하여 편하게 이용하며 사업에 집중할 수 있다. **이처럼 기존의 개념을 깬 혁신적인 사업이 가능했던 이유는 고객들의 변화를 신속하게 예측했기 때문**이다.

위워크

패스트파이브

스튜디오 블랙

▲ 공유 사무실은 공유 경제 시대에 걸맞은 새로운 근무 형태를 만들어내고 있다.

"위워크는 부동산 회사가 아니라 정보기술 서비스 기업이다. 위워크가 제공하는 사무실에 입주한 이들에게 필요한 서비스를 해주는 것이 우리의 핵심 비즈니스다."

_ 미겔 매켈비(Miguel McKelvey), 위워크 공동창업자

나도 책을 쓰고 다른 업무를 보기 위해 강남에 위치한 공유 사무실 '패스트파이브'를 이용했는데, 입주한 분들의 자유로운 모습과 다양한 혜택을 직접 체험해보니 과거보다 편리한 부분이 많아 만족스러웠다. 예전에 벤처 생활을 할 때는 직접 오피스텔을 임대하여 관리하고 회의 공간을 찾아다니는 등 다소 열악한 근무환경이었는데, 공유 사무실은 폭넓은 업무 지원을 받을 수 있으니 상당히 괜찮은 솔루션임이 분명해 보인다.

이제 건설 회사나 건물주도 기존에 가지고 있던 건축 기술이나 빌딩을 획일적인 주택 상품이나 임대 조건으로 계속 판매하기보다는 고객들이 만들어내는 새로운 공유 상품 형태로 설계와 계약 조건을 바꿔야 한다. 그래야 공유경제의 흐름 속에서 살아남을 수 있다.

변화하는 흐름에 맞춰
생각의 속도를 높여라!

어릴 때부터 소셜미디어로 소통하는 것이 자연스럽고, 실용성을 추구하는 밀레니얼세대와 저출산, 저소득, 1인 가구증가와 같은 사회현상이 맞물리면서 이제 소비자들은 제품을 비싼 가격을 내고 소유하기보다는 같이 사용하는 방식으로 바뀌어간다. 기업들은 예전처럼 제조와 판매 중심의 사업전략으로는 성공하기 어려워졌다.

20년 전 국내 전자상거래의 등장 이후 지금까지 많은 쇼핑몰이 무한경쟁 속에서 사라져갔는데 이들은 '기술의 속도'에 밀린 게 아니라 '생각의 속도'에서 밀린 것이다. 앞으로 사물인터넷과 빅데이터, 인공지능의 본격적인 등장은 기존 유통의 틀을 허물고 소비자의 일상을 깊숙이 공유하며 빠르게 변화시킬 것이다. 이럴 때일수록 변화의 속도를 맞추려면 시장이 어떻게 진화하는지를 읽어내는 관점의 변화가 필요한데 그 해답은 바로 소비자들에게 있다.

이미 많은 기업이 소비자와의 동업을 통해 성장 속도를 높이고 있다. 구독경제나 추천과 같은 개인 맞춤 서비스들은 개인이 스스로 정보를 입력하거나 활동하면서 만들어내는 수많은 데이터를 제공받아 발전한다. 소비자들이 인터넷 공간에 올리는 각종 후기

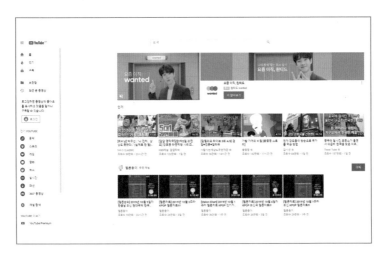

▲ 유튜브는 광고 수익을 소비자와 공유함으로써 세계에서 가장 빠르게 성장하는 미디어 플랫폼이 되었다.

와 소셜미디어 공유를 통해 마케팅 비용도 절약하고 판매되는 상품의 종수까지 확대하고 있다.

더 나아가서 구글이나 유튜브 같은 미디어들은 네티즌과 크리에이터들이 자발적으로 만들어내는 방대한 콘텐츠에 의해 사업이 유지되면서 소비자에게는 광고수익을 배분하는 방법으로 동업한다. 이제는 소비자들이 가지고 있던 자산도 공유하며 시장에 새로운 기회도 제공하고 있는 것이다. 벌써 **소비자와의 동업은 선택이 아니라 필수**가 되어가고 있다.

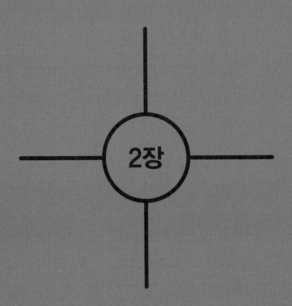

2장

마켓 테크

소비의 형태가 바뀌었다

The basic of marketer

모든 상품이
서비스가 되는
온디맨드

모든 마케팅은
소비자를 중심으로 움직인다

최근 상거래의 변화를 한마디로 표현한다면 '온디맨드On-de-mand'다. 온디맨드란 소비자들의 수요에 맞춰 원하는 상품을 원하는 때와 장소에 맞게 즉각적으로 제공하는 경제 활동이다. 이는 모바일 기술 및 플랫폼의 등장과 같은 전자상거래 기술이 발달하면서 가능해진 것으로, 영화나 드라마를 극장에 가서 보지 않고 VODVideo On Demand로 집에서 손쉽게 시청하는 상황이 대표적이다.

여기서 주목할 부분은 바로 소비자의 수요가 단순히 원하는 상품에 한정되지 않고 즉각적으로 제공되는 일련의 과정까지로 확장되었다는 점이다. 따라서 이제는 **모든 상품이 서비스화되어야** 한다.

얼마 전 온디맨드를 주제로 강연 요청이 있어서 나름대로 그 특성을 '3L'로 정리했다. Link – Live – Line의 앞글자를 딴 것으로, 소비자의 수요에 맞추기 위해서 시간과 공간이 어떻게 변하고 있는지를 담은 개념이다.

1. LINK(연결성): 모두가 연결된다

전자상거래와 인터넷의 기본 원리는 바로 **시간과 공간을 초월해서 상호연결**된다는 점이다. 그렇다 보니 과거의 오프라인 상거래가 지닌 물리적 한계(시장의 위치와 규모, 영업시간 등)가 무너졌다. 인터넷을 통해 국내는 물론 해외의 생산자들과 직접 연결되어 판매되는 상품이 기하급수적으로 많아졌으며 종합몰 · 전문몰 · 오픈 마켓 · 해외직접구매 · 역직접구매CBT, Cross Border Trading 등 시장의 모습도 분화되면서 소비자과 판매자는 이제껏 겪어보지 못

▲ 해외직접구매가 일상화되면서 아마존 같은 글로벌 쇼핑몰도 한국인들을 위한 서비스를 강화하고 있다.

한 소비경험을 하게 되었다.

최근 몇 년 전까지는 미국에서 1년 중 가장 큰 세일 기간인 '블랙프라이데이Black Friday'는 우리와 상관없는 외국의 행사였지만, 이제는 국내 소비자들도 직접 구매에 참여하면서 해외쇼핑몰들은 한국어 안내문을 띄워야 하는 상황이 됐다. 한국 가정에서 미국의 아마존을 통해 구매한 LG전자의 TV로 방송을 보고, 중국에서 직접 배송받은 샤오미 공기청정기로 미세먼지를 해결하는 모습은 더 이상 낯선 장면이 아니다.

이제 모든 기업과 마케터는 국내 업체뿐만 아니라 전 세계의 제품 및 서비스와 경쟁해야 한다. 과거 싸이월드는 페이스북과 인스타그램에 안방을 내주어야 했고, 카페베네가 있던 자리에는 스타벅스가 사이렌을 울리고 있지 않는가.

인터파크에서 근무하던 시절에 주요하게 다루었던 상품 중 하나가 바로 음반이다. '요즘 다들 음원만 사서 듣거나 스트리밍으로 듣지 누가 음반을 듣느냐'고 반문할 수도 있다. 실제로 회사 내부에서도 많이 듣던 질문으로 결론부터 말하자면 맞는 말이다. 음반을 꼭 들으려고 사지는 않는다. 이미 음원사이트에서 내려받아서 들었을 것이기 때문이다.

그러나 최근 케이팝K-pop 아이돌 그룹의 음반은 하나의 소장용 상품이 되었다. 팬들에게 아이돌 가수의 기획과 열정이 담긴 앨범은 소장 가치가 크다. 심지어 그룹 구성원별로 제작된 음반은 각 음반을 모아야만 더 큰 소장 가치를 지닌다. 케이팝의 많은 해외 팬은 좋아하는 아이돌 가수의 음반을 빨리 받아보고 싶은 마음에 국내 업체에 방문하기도 한다. 이런 변화로 이제 주요 음반 판매 사이트에서는 해외 고객들을 위해 외국어 소개와 함께 해외결제 수단을 제공한다.

전자상거래의 등장은 서로 연결성을 지니게 하면서 상거래 범위의 관점을 통째로 바꾸어 놓았다. 또한 소비자와 판매자 모두

인터파크 글로벌 화면   G마켓 글로벌 화면

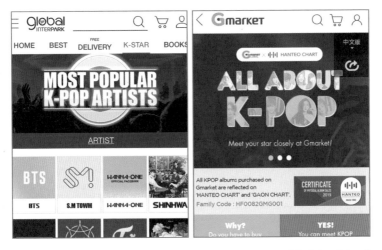

▲ K-POP으로 대표되는 한국 문화가 세계적으로 인기를 끌면서 국내 온라인쇼핑몰도 해외 직구 서비스를 강화하고 있다.

에게 기회와 위기를 동시에 가져다주었다. 소비자는 상품이 늘어나면서 선택의 폭이 넓어지고 가격대비 품질이나 심리적 만족이 좋은 상품을 구매할 수 있는 장점이 있다. 그러나 수많은 상품 중에 원하는 상품을 찾아내기 위해서는 전보다 많은 수고가 필요하게 되었다. 한편, 판매자는 시장이 넓어진 대신에 그만큼 경쟁자도 늘어나게 되었다. 이에 따라 국내에서 밭맬 때 사용하는 호미가 외국에서는 정원을 가꾸는 도구로 인식되어 아마존의 베스트셀러가 되기도 하는 흥미로운 상황도 발생한다.

2. LIVE(상시성): 생동감 있게 움직인다

이커머스에서 모바일 커머스Mobile commerce로 발전하면서 소비자가 언제 어디에 있든지 늘 파악하고 연결할 수 있게 되었다. 모바일 커머스의 등장으로, 이벤트 화면을 만들어도 PC 버전과 모바일 버전으로 2개씩 만들어야 하니 시간과 비용이 더 발생했다. 업계 종사자들을 만나보면 모바일 커머스를 구축하는 데 따른 비용증가와 함께 웹Web 중심에서 앱App 중심으로 사업의 방향과 조직의 모습이 바뀌는 '모바일 트랜스포메이션Mobile transformation'에 큰 부담을 느끼고 있었다.

그러나 시장을 보는 관점을 달리하면 기회가 보인다. PC 기반에서는 우리가 광고 메일을 아무리 멋지게 만들어 보내고 문자 메시지로 안내한다고 해서 그 메일을 바로 열어본다고 장담할 수 없다. 하지만 모바일이 등장한 시대에는 소비자가 지하철이나 버스를 타고 이동 중이거나 카페에서 친구들과 커피를 마실 때도, 퇴근 후 집에서 TV를 시청하는 중에도 손에는 스마트폰을 들고 있으니 더욱 광고하기가 편리해졌다. 카카오톡(알림톡)이나 앱 푸시 App push를 통해 소비자가 원하는 상품을 보낸다면 그 즉시 바로 사이트에 연결되어 구매할 수 있고 실시간으로 마케팅 효과도 측정할 수 있다. 마케터에게는 너무나도 좋은 기회가 만들어진 것이다.

게다가 스마트폰은 사용자가 주로 사용하는 특징이 있어서 마케팅의 대상을 기존처럼 대중에게 여러 상품 정보를 보내고 그중에 맞는 구매를 하도록 유도하는 게 아니라, 특정한 개인을 대상으로 꼭 필요한 몇 개의 정보를 보내는 쪽으로 개선할 수 있다. 이는 곧 '추천' 서비스로 이어진다.

상거래의 상시성이라는 특징은 이외에도 다양한 마케팅 변화를 가져오고 있다. 그중에 대표적인 경우가 바로 '위치기반 서비스'와 '실시간 판매'다. 이전의 마케팅은 구매 실적이나 사용 이력 등 과거의 정보를 활용하여 진행했다. 그러나 위치기반 서비스는 소비자가 사용하는 휴대폰의 기지국이나 GPS를 통해 얻은 **현재의 위치정보를 통해 필요한 서비스를 제공**할 수 있다.

예를 들면, 고객이 대형쇼핑몰에 들어서면 그곳에 입점한 업체들이 제공하는 할인 쿠폰이나 이벤트 알림 문자가 핸드폰으로 바로 도착하고, 날씨 서비스를 클릭하면 현재 위치에 맞는 정보가 뜨는 방식이다. 또한 원하는 목적지까지의 지름길을 알려주는 길안내 서비스나 미리 지정한 승차 위치로 택시가 알아서 와서 원하는 목적지까지 데려다주는 '카카오택시'와 같은 서비스들이 위치기반으로 생겨나는 사업 기회 가운데 하나다.

▲ 중국 전자상거래업체인 알리바바와 롯데면세점이 왕훙의 라이브방송을 활용해 한국 화장품을 홍보하고 있다.
© 연합뉴스

실시간 판매는 바쁘게 이동 중인 고객에게도 마케팅하며 반응을 실시간으로 확인할 수 있지만, 반대로 생각하면 **마케터도 이동하면서 판매할 수 있다**는 뜻이다. 예를 들어 중국의 인플루언서를 지칭하는 '왕훙网红'은 국내의 동대문 쇼핑몰이나 명동을 방문해서 한국산 의류와 화장품을 직접 착용하거나 사용하는 사진을 찍어 타오바오 라이브를 진행한다. 이를 통해 실시간으로 중국에 있는 고객들과 소통하면서 상품을 판매하고 고객들은 방송을 시청하며 외국의 쇼핑몰을 직접 거니는 느낌을 받으며 편하게 쇼핑한다. 기존에 홈쇼핑처럼 제한된 스튜디오 안에서 설명하는데 오프라인 시장을 누비며 실시간으로 판매하는 것이다.

모든 상품을 서비스로 바라보면
점유해야할 시간이 보인다.

3. LINE(연장성): 소비의 범위가 연장된다

고객이 언제 어디서나 인터넷으로 세상(시장)에 접속할 수 있기에 본인이 원하는 시간과 장소에서 상품과 서비스를 즉각적으로 제공받으려는 요구를 지닌다. 이에 따라 모든 상품은 서비스가 되어 간다. 고객이 원하는 장소와 시간에 맞추거나 상품을 즉시 제공하려면 단순히 상품을 파는 것만 생각해서는 안 된다. **소비 과정에 배송 절차와 상품의 위치, 판매 방식까지 포함**되므로 이제는 일련의 과정이 모두 하나의 연장선에 있다. 이제 생산 라인이 아니라 소비 라인을 주목해야 한다.

주요 소비계층으로 떠오르는 밀레니얼 세대의 소비자들은 어릴 때부터 온라인 쇼핑을 사용해왔으며, 친구들과 메신저로 대화하고 소셜미디어를 통해 사회생활해왔다. 그렇다 보니 이전의 마케팅처럼 굳이 오프라인과 온라인을 나누어 바라보거나 상품과 서

비스를 구분해서 소비하지 않으며 온라인과 오프라인이 융합된
O2O 서비스를 일상으로 여긴다.

　온라인으로 물건을 구매해도 상품뿐만 아니라 배송이 얼마나
빠른지를 감안하고 구매하는 것처럼 배송 속도도 상품의 범위에
포함되었다. 소셜커머스인 '쿠팡'도 이를 고려한 마케팅 방향으로
성공을 이루었다. 쿠팡은 이미 포화 상태인 국내 전자상거래에 진
입하면서 공동구매를 통한 상품구색의 차별화나 가격경쟁력으로
는 마케팅이 어렵다고 판단했다. 이에 따라 경쟁업체들이 택배업
체에 맡겨두었던 부분인 배송서비스를 직접 관리하는 '로켓배송'
으로 폭발적 인기를 얻을 수 있었다. '배달의 민족', '부릉' 같은 음
식배달업체도 음식점과 계약하는 것만으로는 더 이상 차별화가
어렵다. 앞으로는 전국의 오토바이 기사를 잘 확보해서 고객이 기
대하는 배달 서비스를 어떻게 제공하는지가 중요한 요소가 될 것
이다.

　배송 과정이 없는 사업이거나 업체 사정상 당일 배송 서비스
제공이 어렵다면 어떻게 대응해야 할까? 이때는 같은 연장선에
서 앞부분으로 관점을 옮겨서 생각하면 된다. 앞서 이야기했던
'LINK(연결성)'라는 특성으로 고객이 구매할 수 있는 상품의 범위
와 종수가 매우 많아졌다. 그만큼 제한된 시간과 소득 안에서 본

인에게 적합한 상품을 선택하기가 쉽지 않다.

예를 들어 이전에는 해외 브랜드의 의류를 구매할 때 해당 매장을 찾아가서 구매했다. 그러나 이제는 인터넷을 통해서 정품과 병행수입제품 중에 선택하고 가격과 품목을 꼼꼼히 비교하고 검색하며, 국내 치수와 현지 치수의 차이를 확인해야 하는 수고가 따른다. 이때 소비자에게 필요한 것이 바로 '추천' 서비스다.

이제는 쇼핑몰에 접속한 **고객에게 어울리거나 필요한 상품을 바로 추천해서 편리하고 빠르게 구매할 수 있도록 돕는 추천 서비스까지 상품의 범위에 포함**된다. 이에 따라 여러 업체가 다양한 알고리즘을 통한 추천 서비스를 내세우고 있다. **즉 고객의 수요가 있는 곳까지 서비스를 확장해야 온디맨드다.** 고객의 수요가 있는 곳이 어디까지인지를 정확히 파악하고 연결성과 생동성 그리고 연장성이라는 특성을 잘 활용하여 상품이 서비스화되는 데 적절히 대응해야 한다.

가격을 이기는
속도를 잡아라

MARKET
TECH

배송 속도가 상품의 가치를 높인다

예스24에서 사업본부장으로 근무하던 당시에 모든 신간의 할인율이 10%로 제한되는 방향으로 도서정가제가 개정되면서 주변으로부터 앞으로의 마케팅 방향에 관해 많은 물음을 받았다. 마케팅에서 중요한 '가격전략'이 제약받는 상태에서 기존의 성장세를 유지할 수 있겠느냐 하는 걱정이 대부분이었다. 앞으로는 서비스 전략으로 경쟁하겠다고 밝혔지만 사업계획서를 쓰는 동안 고민이 많았다.

그 당시 온라인쇼핑의 배송은 평균 3~4일이었다. 이는 주요 쇼핑몰들이 오픈 마켓, 즉 재고 없이 판매자와 고객 간의 거래만을 중개하고 수수료를 받는 형태였기에 주문이 들어온 뒤 판매업체에 상품 배송을 요청했기 때문이다. 이는 판매업체가 재고를 포장해서 발송하는 방식인데, 재고 수량과 물류센터 여건에 따라 배송속도가 모두 달라 소비자들의 불만이 많았다. 그나마 인터넷서점은 보통 130만 권 정도의 도서를 매입하여 직접 보관하고, 물류센터도 출판사가 모여 있는 파주 출판단지 근처여서 부족한 재고를 신속하게 공급받아 배송경쟁력이 있었다.

전자상거래에서 가장 큰 장벽이자 고민은 고객이 원하는 시점에 바로 상품을 제공하지 못하고 며칠을 기다려야 한다는 점이다. 오프라인 매장을 방문해서 직접 보고 즉시 구매하는 것과 비교하면 불리한 요소였기에 그 틈을 할인으로 맞추었다. 그런데 할인율이 제한되면서 가장 큰 요소인 배송 시간을 줄이는 게 중요한 숙제가 되었다. 고객이 제일 먼저 경험하는 부분이 배송이었고 특히 속도에 민감하다는 점에 초점을 맞췄다.

전화로 주문하는 우리나라 최초의 통신판매인 자장면 배달의 생명은 바로 철가방에 쓰인 대로 '신속배달'이지 않나? 참고로 초기의 인터넷쇼핑몰 시장에는 택배가 발달하지 않아서 배송에 많은 어려움을 겪었다. 배송이 지연되면 몇몇 직원이 퇴근길에 집

근처 고객에게 직접 배달해주기도 했다. 일부 고객은 컴퓨터만 있던 사무실을 오프라인 매장이라 생각하여 직접 책을 받으러 오거나 유령 회사로 오해하여 확인하러 오는 경우가 종종 있었다.

배송 속도를 높이려면 크게 3가지 방법에 집중해야 한다. 첫째는 물류센터에서 포장되어 나가는 출고 시간을 줄이는 것, 둘째는 출고 후 고객에게 전달되는 택배 속도를 높이는 것, 마지막은 예측 배송으로 고객의 주문을 예측하여 미리 근처에 가져다 두는 방법이다.

Market Mind 5	출고 시간 단축 + 택배 속도 증가 + 예측 배송 = 배송 속도 증가

1. 출고 시간을 단축하라

상품을 빨리 출고하기 위해서 가장 먼저 생각한 것은 물류센터 내 직원들의 동선 줄이기였다. 직원들이 상품을 빠르게 찾을 수 있도록 동선을 관리하고 자동 포장기를 마련했다.

이보다 앞서 더 중요한 것은 바로 적정 재고를 관리하는 것으로, 재고가 부족하거나 없으면 모든 게 무용지물이 되기 때문이다. 그렇다고 무작정 재고를 늘리면 매입 비용, 물류 공간, 재고관리 및 입고 검수에 따른 비효율이 발생할 수 있어서 자칫 배보다 배꼽이 더 커지게 된다. 따라서 적정 재고를 산출하여 필요한양만큼 제조업체에 주문을 넣는 알고리즘이 중요하다.

아마존은 우선 이 부분에 초점을 맞췄다. 무려 2,000만 개의 상품을 취급하며 축구장 46개의 엄청난 규모를 자랑하는 아마존 물류센터는 아무리 동선 관리를 잘했다고 해도 직원들이 상품을 찾으려 이리저리 뛰어다는 것은 비효율적이다. 그래서 아마존은2012년 물류 로봇 시스템회사 '키바 시스템Kiva system'을 인수하고약 5만 대의 '키바로봇'을 현장에 배치했다.

키바로봇 덕분에 더 이상 직원들이 직접 배송할 상품을 찾으러다니지 않는다. 로봇들이 물건을 포장 작업 분야의 직원들에게 가져다주기 때문이다. 그 결과 보통 60~70분 걸리던 작업이 15분으로 단축되고 보관 공간도 50% 증가했다고 한다. 즉 4명의 일을로봇 1대가 해내는 것이다.

국내 쇼핑몰의 경우는 물류센터의 규모나 상품회전율이 크지않아서 아직은 인력으로 진행하거나 상품의 분류와 포장 자동화에 투자하는 것이 효율적일 수 있다. 그러나 앞으로 쿠팡의 판매량이 더 성장하고 다른 업체의 재고관리와 배송까지 대행해

아마존 물류센터의 키바로봇

아마존 드론 배송 서비스 프라임에어

▲ 아마존뿐만 아니라 전 세계의 모든 유통업체가 배송 시간을 줄이기 위해 필사적인 노력을 기울이고 있다.

주는 제3자 물류3PL까지 하게 된다면 물류로봇이 더욱 효율적일 것이다.

2. 택배 속도를 높여라

고객에게 상품을 더 빠르게 전달하기 위해 택배 업체의 대형트럭을 활용한 배송에서 벗어나 시내에서 빠르게 이동할 수 있는 오토바이나 소형 밴을 중심으로 한 새로운 배송 조직을 구축했다. 이는 일반적으로 사무실이나 아파트처럼 밀집된 지역으로 배송하는 비중이 높은 국내 현실에 맞춘 것이다. 이 같은 방식으로 물류센터에서 출고하여 최종 소비자에게 배달하는 방식인 '라스트 마일 배송Last mile delivery'은 소비자가 가장 크게 느끼는 배송 경험이다. 새로이 등장하는 드론 배송, 자율주행 배송 로봇 등은 배송 속도를 더욱 빠르고 정확하게 할 수 있다.

3. 예측 배송을 실현하라

아마존이 특허를 낸 예측 배송Anticipatory shipping은 소비자의 구매 특징을 분석하여 곧 구매할 것으로 예측되는 상품을 미리 소비자 근처의 지역배송센터에 보내두거나 주문이 들어오기 전에 배송을 출발시키는 방식이다. 아직은 적용하지 못한 방식이지만 예측 배송은 앞으로 우리의 배송 속도를 더욱 높일 것이다. 또한 구독경제, O2O(매장 수령), 드론 및 배송 로봇 등과 연계되어 주문 방식과 생활방식에도 큰 영향을 미치리라 전망한다. 이러한 배송 속도의 증가는 그동안 대형마트의 영역이었던 신선식품과 반찬거리까지 배송의 범위가 확대되면서 대형마트들도 예상하지 못했던 배송 경쟁에 끌려 나오고 있다. 2017년 아마존이 미국 최대 유기농 식료품 체인인 '홀푸드Whole Foods'를 137억 달러 규모에 인수한 것도 같은 맥락으로 이해할 수 있다.

경험은 결국
가격을 이긴다

MARKET
TECH

소비 경험은 상품의 가격부터
배송까지 포함한다

2007년 예스24에서 당일 배송 서비스를 선보이며 빠른 배송을
표현하기 위해 '총알'이라는 빠른 이미지를 활용했다. 이를 통해
경쟁 요소를 '가격'에서 '배송'으로 바꾸기에 이르렀다. 즉 가격의
상승폭을 배송의 속도로 만회한 것으로, 이렇게 경험한 배송 속
도가 이제는 전자상거래 전반에 주요한 경쟁 요소로 자리 잡고 있
다. 그러나 배송 서비스는 물류 체계, 재고 관리, 인건비 등 여러

비용과 투자가 먼저 필요하다. 국내 시장 규모를 감안하면 무작정 경쟁할 수 없고 어느 정도의 제약이 있을 수밖에 없는데, 쿠팡의 '로켓배송'과 마켓컬리의 '샛별배송'을 보면 앞으로 배송 경쟁이 어디까지 나아갈지 궁금해진다.

특히 쿠팡의 로켓배송은 **배송을 '속도의 경험'에서 '감성의 경험' 으로** 바꾸고 있다. 쿠팡은 소셜커머스로 시작했지만 더욱 다양한 상품 판매를 위한 오픈 마켓으로 확대해갔다. 이 과정에서 발생한 입점 판매자별로 다른 배송 속도와 포장 품질, 복잡한 상품 구성 등으로 고객들이 겪는 불편한 경험을 해결하고자 아마존의 풀필 먼트FBA, Fulfillment by Amazon 방식을 취했다.

풀필먼트란 상품의 입고와 재고 관리, 배송은 물론 반품 처리까지 모든 업무를 같이 처리하는 물류 서비스를 말한다. 기존의 대형 오픈 마켓 체계는 입점 판매자가 많아질수록 주문한 상품이 판매자별로 각기 다른 상자에 담겨 서로 다른 시간에 배송되는 일이 빈번했고, 고객들은 이를 불편해했다. 게다가 대부분의 쇼핑몰은 전문 택배업체를 이용해서 배송하는데, 아무리 고객 서비스가 좋아도 상품을 직접 배송하는 택배기사가 불친절하다면 고객은 좋지 않은 경험을 하게 된다. **고객은 배송 완료까지를 구매 과정에 포함하여 생각**하기 때문이다.

그래서 쿠팡은 기존의 오픈 마켓 개념과 달리 물류와 배송 단계

예스24의 총알배송

쿠팡의 로켓배송

마켓컬리의 샛별배송

▲ 소비자의 마음을 사로잡기 위한 유통업체들의 총성 없는 배송 전쟁이 어떻게 전개될지 흥미진진하다.

를 외부 인력으로 해결하지 않고 약 3,500명의 쿠팡맨을 고용하여 직접 배송하는 폐쇄적 방식을 택함으로써 차별적인 경쟁력을 갖고자 했다. 그 결과, 쿠팡의 이러한 특징이 소비자에게 큰 호응을 받고 있다.

그러나 동시에 이 배송 체계가 막대한 적자의 원인이 되기도 한다. 실물 상품의 유통에는 물류 체계에 대한 선행 투자가 필요하며, 주문 물량이 증가하거나 전문 택배업체의 속도와 경쟁할 때도 소비자의 기대감을 충족할 수 있는지가 관건이다.

Market Mind 6
마케팅은 소비자의 기대치를 관리하는 과정이다.

배송 경쟁은 고객이 경험하는 서비스의 속도이지 고객이 직접 움직이며 느끼는 체험이 아니다. 즉 배송은 어느 정도의 가격 안에서 만족하는 요소로, 그 배송 속도를 제공받기 위해서 일정 금액의 배송료나 비싼 가격을 내야 한다면 속도에 쉽게 감동하지는 않게 된다.

이 부분을 소셜커머스 '위메프'가 파고들었다. 경쟁 업체인 쿠팡보다 비싼 가격에 판매하면 고객에게 그 차액을 위메프 포인트

위메프가
한국에서 가장 싸다!
특가상품 + 최저가 보상 + 특가클럽 적립 + 무료배송까지

혜택 01
· 타 오픈마켓보다 비쌀 경우 차액의 **100% 보상!**

혜택 02
· C사보다 비쌀 경우 차액의 **200% 보상!**

혜택 03
· 매일매일 위메프가 엄선한 **초특가상품** 오픈!

혜택 04
· 특가클럽 **2% 상시 적립!**

▲ 쿠팡을 겨냥해 '최저가 보상제'라는 회심의 카드를 꺼내든 위메프의 마케팅 전략이 어떤 결과를 만들어낼지 기대된다.

로 보상해준다는 '최저가 보상제'를 선언했다. 앞으로 대형 유통업체들이 쿠팡의 빠른 성장세를 저지하기 위해 일부 품목별로 돌아가면서 최저가를 내세우거나 상품별로 비교 광고를 하면서 고객의 눈길을 다른 곳으로 돌리려는 모습이 자주 등장할 것이다.

색다른 경험으로 단점을 극복하라

만약 모두가 당일 배송을 보장한다면 다시 경쟁력을 지니는 요소는 무엇일까? 소비자들이 원하는 것은 무엇일까? 기존에 상품

을 구매할 때 아쉬웠던 부분은 무엇일까? 그러면서 고객과 동업할 방안은 무엇일까?

이 같은 고민을 하면서 생각해낸 마케팅이 바로 오프라인에서의 고객 참여 행사다. 고객이 갖는 서비스의 경험을 가격과 배송이라는 사전 단계Before-Sales에서 구매 후기와 오프라인 행사 같은 사후단계After-Sales로 이동하고자 했다.

특히 인터넷과 모바일이 발달하면서 고객이 본인의 소비 과정을 소셜미디어에 자연스레 공유하기에, 기존 고객의 소비 경험이 타인의 구매 결정에 영향을 미치는 중요한 변수로 작용하기 시작했다. 이처럼 자사의 재화나 서비스를 소비하는 모든 과정에서의 **경험을 관리하고 색다른 경험을 제공하여 브랜드와 상품에 대한 만족도를 높여야** 한다.

고객의 편의성을 높이며 새로운 소비 경험을 제공하는 서비스의 사례로 앞서 이야기한 전자상거래의 연장성LINE을 고려한 경우도 있다. 구매 시점을 기준으로 앞뒤로 확대해가는 것으로, 일종의 '고객경험관리CXM, Customer eXperience Management' 전략이다.

지금은 '북 콘서트'와 '문학 캠프', '강연회' 등 고객이 오프라인에서 경험할 수 있는 행사가 출판계를 비롯한 여러 업계에서 대중화되고 일반화되었다. 그러나 얼마 전까지만 해도 그것들은 대형 서점의 매장 한쪽에서 진행하는 사인회 정도였다. 인터넷서점은 오프라인 매장이 없기에 사인회는 진행할 수 없었고 굳이 한다면 친필 사인본을 따로 판매하는 정도였다.

그런데 관점을 바꿔서 생각해보면 매장이 없다는 것은 매장에서 안 해도 된다는 것이 아닌가? 독자에게 새로운 경험이 되는 작가와의 만남을 진행하고자 초청 인원을 수용할 수 있는 외부 장소를 대관했고, 자연스레 북 콘서트라는 형태를 띠게 되었다. 이는 당시 독자들과 직접 소통하는 것이 낯선 작가들에게는 자연스럽게 독자들 앞에 설 수 있게 되는 계기가 되었다.

그 후에는 좀 더 색다른 경험을 제공하고자 작가와 독자가 함께 소설의 배경이 되는 곳이나 문학적인 의미가 있는 곳으로 여행을 떠나는 문학캠프로 발전시켰다. 독자들은 작가와 대화하면서 작품의 의도와 다양한 에피소드를 들으며 현장감 있는 독후경험을 했다. 이러한 고객들의 경험은 하나의 콘텐츠가 되어 또다시 소셜미디어를 타고 퍼져나갔다. 결국 그 자체만으로 마케팅 역할을 훌륭히 해냈고, 매장이 없다는 단점이 장점으로 바뀌었다.

더 나아가 그동안 오프라인 행사는 한정된 고객만 참여하는 일회성의 행사였지만, 행사 과정을 영상으로 촬영한 뒤 온라인상에서 공유함으로써 텍스트만 소비하던 독서 활동에 '텍스트 소비 -

▲ 독자들의 경험 범위를 넓히기 위해 만든 한남동 블루스퀘어의 카오스홀. 정기적인 강연과 북콘서트는 이제 출판계의 주요 마케팅 전략으로 자리 잡았다.

독자 경험 – 영상 소비'로 독자들의 경험 범위를 넓혔다.

이제는 출판 시장에서 작가와의 만남이나 북 콘서트는 중요한 마케팅으로 자리 잡았다. 또한 이것이 고객들의 주요한 구매 의사 결정요소가 되면서 많은 서점은 강연 장소를 별도로 만들거나 매장 한쪽에 마련하며 이러한 경험을 계속 제공하려 하고 있다. 인터파크에서 근무하던 때 한남동 블루스퀘어에 약 300석 규모의 전문 강연 장소인 '카오스 홀'을 만들어 지금까지도 정기적으로 '북잼 콘서트'라는 북 콘서트를 해오고 있는 것도 같은 맥락이다.

좋은 경험이 가격을 이긴다

소비 경험에서 중요한 부분을 차지하는 배송 속도와 관련해서도 고객에게 색다른 경험을 제공할 수 있다. 예전에 물류센터로 고객들을 초청하여 직접 택배 발송 작업을 해보는 행사를 진행한 적이 있다. 그 자리에서 인터넷으로 주문한 뒤 물류센터에서 상품을 찾아 포장하고 택배 송장을 부착하여 출고하는 일련의 과정을 체험하도록 했다. 행사를 마치고 집에 돌아갔을 때 본인이 포장한 상품을 바로 받아보면서 확실하고 특별한 경험을 제공한다. 이처럼 여러 형태로 경험을 제공하면 브랜드를 홍보하기 위해 각종 광고를 기획하는 것보다 소비자와 더 깊은 관계를 형성하고 더 확실한 마케팅 효과를 거둘 수 있다.

Market Mind 7

'가격'과 '배송'에서
'경험'의 제공으로 확대하라.

오프라인 매장의 개념을 바꾸어 좋은 결과를 맺은 사례로 일본의 츠타야TSUTAYA 서점을 이야기할 수 있다. 츠타야 서점은 그동안 오프라인 매장이 단순히 상품을 진열하고 판매하는 기능에만

츠타야 서점

▲ 츠타야 서점은 단순히 물건을 파는 데 그치지 않고 소비자에게 라이프 스타일을 제안함 으로써 일본 최고의 문화공간으로 자리매김했다.

집중했던 것에서 더 나아가 라이프 스타일과 같은 '경험'이라는 새로운 요소를 더했다.

츠타야 서점이 성공할 수 있었던 가장 큰 특징은 편안한 공간 구성과 상품의 주제별 진열 방식이다. 보통의 서점들은 소설, 학습지, 잡지 등과 같이 출판사의 분류에 맞춰서 구분해 모아두고 조용히 책만 판다. 그러나 츠타야 서점은 서점 안에 커피숍과 편의점, 편집샵이 입점해 있고 편안히 앉아서 책을 읽을 수 있도록 배려하고 있다. 또한 책장과 매대에는 요리, 여행, 패션 등과 같은 다양한 주제별로 책을 진열하고 그 주제에 어울리는 다른 상품을 함께 진열하는 다소 파격적인 경험을 제공한다. 예를 들어 요리 분야에는 주방용품이나 식자재를 같이 진열해서 고객의 자연스러운 구매를 유도한다.

즉 오프라인 매장의 진열을 판매자의 분류가 아니라 고객의 라이프 스타일을 기준으로 한 것으로, 이는 곧 소비자를 분석하여 적절하게 기획 및 제안하는 '추천 능력'이다. 물론 이러한 **추천 능력은 면밀한 소비자 분석을 통해서만 제공할 수 있는 경험**이다.

지금까지 살펴봤듯이 **소비자와 동업하기 위해서는 단순히 할인이나 적립금 같은 경제적 이익뿐 아니라 고객이 원하는 혜택과 경험을 제공해야** 한다. 그 과정이 단순히 가격전략을 활용할 때보다

는 정착하는 데 다소 시간이 걸리지만, 결과적으로 거래액에 미치
는 긍정적 효과는 크다. 서비스에 어울리는 훌륭한 경험을 제공하
면 불필요한 가격 경쟁을 할 필요가 없다.

지금, 당신의
감성을 팔아라

MARKET
TECH

추천으로 소비자의 취향을 저격하라

앞서 살펴본 소비자의 '경험'이 주로 오프라인에서 이루어지는 체험이라면 이제는 **감성적 영역으로 시장을 넓혀 마케팅해야** 한다. 그 대표적인 방식이자 상거래에서 중요한 개념으로 자리 잡은 서비스가 바로 '추천Curation'이다.

메신저 프로그램과 소셜미디어의 발달을 통해 이제는 소비자가 전문가를 직접 찾아가지 않고도 쉽게 전문가의 조언과 추천을 받을 수 있다. 또한 인스타그램이나 페이스북 등 소셜미디어에서는 주요 인플루언서나 전문가가 각종 패션의류와 화장품을 모아 두고 판매하는 상황을 자주 볼 수 있다. 이는 곧 기존의 상거래 플랫폼을 이용하지 않아도 판매할 수 있는 전문성을 지니게 된 결과다.

음원 스트리밍 서비스인 멜론으로 노래를 들으려고 앱에 접속하면 '오늘 날씨에 어울리는' 또는 '사용자가 좋아할 만한' 노래를 추천해서 들려준다. 온라인 동영상 스트리밍 서비스인 넷플릭스에서 영화를 보려고 사이트에 접속하면 '사용자가 좋아할 만한' 영화를 추천해주는데, 그 정확도가 매우 높아서 믿고 보게 된다. 또한 반찬 배달 서비스에서는 매일 신선하고 영양을 고려한 아침 식단을 추천해서 이른 새벽에 보내주는 등 우리의 일상은 추천의 홍수에 빠져들고 있다.

전문가가 직접 운영하는 개인 사업이라면 전문적인 추천에 별도의 비용이 들지 않겠지만, 사업 규모가 커지거나 다양한 상품을 판매하는 경우에는 전문성 있는 인력을 충원하는 데 큰 노력이 필요하다. 과거 인터넷 서비스 중에 다양한 전문가가 본인들의 지식과 경험을 바탕으로 유료 상담을 진행해주는 '엑스퍼트Expert'라는 전문가 서비스가 있었다. 그러나 각 분야의 전문가를 모으기도 어렵고 플랫폼이 미흡하여 고객들이 필요한 시간에 바로 해당 전문가와 실시간으로 연결하기가 어려웠고, 결국 큰 비용을 들였어도

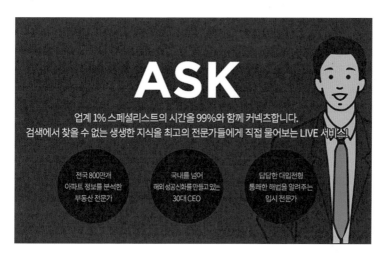

▲ 모바일 플랫폼이 발달하면서 각 분야 전문가의 지식을 공유하고 수익을 창출하는 서비스들이 등장하고 있다.

서비스는 제대로 자리 잡지 못했다. 최근 모바일 플랫폼의 발달과 공유경제의 확대 분위기에 맞춰서 휴넷의 '탤런트뱅크'나 에스티유니타스의 'ASK'와 같은 전문가 지식공유 서비스가 다시 생겨나고 있다.

전문가인가, 친구인가? 인공지능의 출현

그동안 추천이라고 하면 보통 전문가나 주변의 지인이 해주는 것으로 여겨왔다. 그러나 인공지능이 등장하면서 데이터 분석과 학습을 통해 고객이 원하는 것을 예측하여 추천하면서 또 다른 차원의 전문가이자 친구가 등장했다. 4차 산업혁명 시대에는 4차 추천이 등장했다고 해도 과언이 아니다.

<table>
<tr><td>Market
Mind
8</td><td>추천의 확장: 1차 가족 및 친구의 추천
➡ 2차 지인의 추천 ➡ 3차 전문가의 추천
➡ 4차 인공지능의 추천</td></tr>
</table>

매달 평균 수만여 개의 상품이 판매를 위해 여러 쇼핑몰에 등록되는데, 초기 PC 기반에서는 다양한 상품 가운데 원하는 상품을 찾아내기 위한 '검색'이 중요한 서비스였다. 그러나 현재는 모바일을 기반으로 하여 고객에게 제품을 제공하는 속도가 중요해진 시대로, **각 고객이 필요로 하는 상품을 즉시 '추천'하는 방식으로 발전해야** 한다.

추천의 방식은 크게 세 가지로 나뉜다. 첫째는 어떤 주제나 이슈에 맞춰서 상품 목록을 정해서 보여주는 '테마 추천', 둘째는 사용자가 입력하거나 구매했던 명세를 분석하여 카테고리와 주제, 상품의 등급에 따라 단계별로 유도함으로써 상품 만족도를 높이는 '로드맵Road map 추천'이다. 마지막 셋째는 소비자들의 다양한 활동 데이터를 분석하여 관련 상품 및 유사한 고객층의 패턴을 계산하여 사용자의 일치도에 맞게 보여주는 '개인화 추천'이다. 이 중에서 추천이라고 하면 보통 '개인화 추천'을 떠올리는데, 이는 인터넷 기업의 장점이지만 실제로 경험해보면 다소 실망스러운 수준이다.

가끔은 인공지능이나 알고리즘을 통한 추천이 실제 선호도에 맞지 않는다고 느끼는 경우가 있는데, 이는 데이터가 부족하기 때문이다. 아직 인터넷쇼핑몰이 가진 데이터는 그리 많지 않다. 우리나라 전자상거래의 역사가 20년이 넘었음에도 새로 시작한 지 몇 년 안 된 신생기업과 유사한 수준의 추천 품질을 보이는 이유는 여러 규제로 인해 과거의 데이터를 축적하지 못했기 때문이다. 아무리 오래된 쇼핑몰이더라도 불과 몇 년 전의 데이터만으로 분석하기 때문에 이를 통해 인공지능으로 추천하기에는 학습 자료가 적으며, 여기에 상당수가 회원의 동의가 필요한 작업이면 그 수는 더 적어진다.

이제는 국내에서도 빅데이터 개념이 자리 잡히고 있고, 미리 관련 데이터를 가공하고 분석하거나 소비자들의 다양한 활동으로 생성되는 데이터도 수집 및 학습하기 시작하면서 조만간 해외처럼 다양한 서비스가 등장하리라 기대한다. 2019년 서울시와 8개 민간기업(다음소프트, 신한은행, 신한카드, 코리아크레딧뷰로, 롯데멤버스, SK텔레콤, 인터파크, 웅진씽크빅)이 공공데이터와 상권, 소비 행태 등을 활용해 '서울시민 도시 생활 데이터'를 제작한다고 밝힌 바와 같이 데이터가 모이면 더 많은 경제 기회가 발생하리라 기대한다.

과거 추천 프로그램으로 대표적인 서비스가 CRM(Customer Relationship Management, 고객 관계관리)이다. 이는 주로 구매 이력과 회원정보를 데이터로 활용하여 구매 활동을 예측하고 관리하는 것으로, 추천이 제한적일 수밖에 없다. 타겟 마케팅도 연령별, 성별, 지역별 등 인구통계학적 기준으로 하다 보니 고객은 개인이 아닌 특정 고객층으로 구분되어 원하지 않는 정보에 노출되는 경우가 많았다.

많은 고객에게 해당하는 베스트셀러로 상품이 추천되어 메인 추천 상품과 별 차이가 없는 경우도 있었고, 인터넷쇼핑몰을 가족 중 한 명의 계정으로 식구들이 함께 이용하면 구매자와 실제 소비자가 불일치하여 잘못된 추천이 되기도 했다. 이러한 정확하지 않은 매스마케팅Mass marketing은 오히려 소비자의 불만 요소가 된다.

어떻게 하면 소비자에게 더욱 정확하고 유익한 추천을 제공할 수 있을까? 소비자들은 매일 인터넷쇼핑몰에 엄청난 양의 데이터를 만들어준다. 단순히 판매된 상품의 속성과 판매 실적에 대한 데이터뿐만 아니라, 어떤 상품을 장바구니에 담아두거나 검색하고 어떤 이벤트에 관심을 보이는지, 어떤 상품 페이지에서 어디로 이동하고 어디서 이탈하는지와 같은 사용 의도와 행동 등등 다양한 형태의 디지털 발자국을 남긴다. 이와 같은 로그데이터Log data들은 데이터마이닝Data mining과 인공지능을 거치며 상품별로 연관성을 학습함으로써 비교적 정확한 추천이 가능해진다. 이는 쇼핑의 경험을 또 한 번 바꿔놓는다.

이제는 대화의 시대다

4차 산업혁명의 상징인 사물인터넷, 인공지능, 빅데이터 등은 전자상거래 분야에서도 예외가 아니다. 국내외 여러 온라인 쇼핑몰이 이에 많은 투자를 하고 있으며, 이 가운데 알고리즘 추천과 대화형 커머스가 가장 빠른 속도로 발달하고 있다.

앞으로 인공지능과 대화형 커머스가 결합하면 다음과 같은 쇼핑 경험이 가능해지며, 이때 스마트 스피커를 통해 음성 주문하면 그 과정이 더 편리해진다.

(스마트폰에 앱 푸시가 뜬다)

"회원님, 2주 전에 구매하신 영화 「그녀(Her)」는 다 시청하셨나요?"

"응."

"우아! 그럼, 아래의 영화 퀴즈를 풀어보세요"

······(중략)······

"축하드립니다. 할인 쿠폰을 보내드렸습니다. 회원님이 좋아할 영화를 추천해드릴까요?"

"응."

"「그녀」를 다 시청하셨으니 아직 시청하지 않으신 「트랜센던스」를 추천해드립니다."

"왜?"

"이전에 보신 영화처럼 인공지능과 관련한 내용으로, 내용 일치도가 90%이며 회원님과 유사한 시청이나 검색을 하신 분들이 다음으로 선택한 영화입니다. 영화의 평점과 후기들을 볼 때 회원님의 선호도가 98%로 예측됩니다."

"좋아. 주문해줘."

"감사합니다. 아래의 내용을 확인하시고 주문을 위해 지문을 대주세요."

유통업에서 소비자 경험의 효과를 높이려면 소비자에게 낯선 경험보다는 오프라인에서 이미 경험했거나 아날로그적인 감성을 기술적으로 구현하는 것이 구매로 연결하는 데 더욱 효과적이다. 이에 가장 접합한 기능이 바로 대화형 커머스다.

직접 소비자와 판매자가 상호작용하며 대화하는 방식의 거래로, 이를 통해 **새로운 고객가치인 '편의성'과 '추천'이라는 경험을 한 번에 제공**할 수 있다. 요즘의 밀레니얼 소비자들은 타인과 이야기할 때는 음성 전화보다 메시지나 문자를 주로 사용하다 보니 '폰 포비아Phone phobia'라는 용어까지 나올 정도여서 오히려 더 익숙한 주문일 수 있다.

이제 소비자는 필요한 정보를 얻기 위해서 판매자 또는 지인에게 전화해서 물어보거나 추천을 받기 위해서 전문가를 만나러 매장까지 방문하는 번거로움을 겪지 않아도 된다. 스마트기기를 통해 몇 번의 클릭과 대화로 더 많은 상품 정보를 얻어서 즉시 주문할 수 있게 되었다.

대화형 커머스는 채팅이나 음성으로 주문하는 상거래로, 기존에는 쇼핑몰의 메신저 기능을 이용해서 판매자와 채팅하며 주문했다. 이제는 여기서 더 나아가 인공지능을 기반으로 한 채팅로봇이나 음성 주문으로 발전하고 있다. 아마존의 '에코Echo'나 구글의

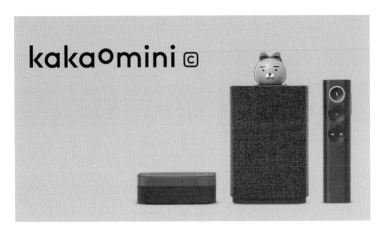

▲ 스마트 스피커는 우리 생활 전반에 영향을 미치며 생활방식을 바꾸고 있다.

'홈Home'처럼 국내에는 이동통신사를 중심으로 SKT '누구NUGU', KT '기가지니GIGA Genie'와 포털의 '카카오미니' 등이 벌써 우리의 안방 한쪽을 차지하고 있다.

97쪽의 그림에서 알 수 있듯이 미국에서 사람들은 주로 거실 (45.9%)과 침실(36.8%) 등 집 안에 스마트 스피커를 두고 사용한다. 이는 사용자가 편안함을 느끼는 집이라는 공간에서 스마트 스피커도 편리한 생활 도구로 자리매김하고 있다는 뜻으로, 국내도 큰 차이가 없으리라 생각한다. 또한 앞으로는 스마트 스피커가 아니라도 우리가 늘 사용하는 스마트폰을 활용해서도 가능한 기능일 것이며, 다양한 방식으로 계속 발전해나갈 수 있다.

중요한 사실은 **대화형 커머스는 사용이 많아질수록 글이나 언**

스마트 스피커 사용 위치

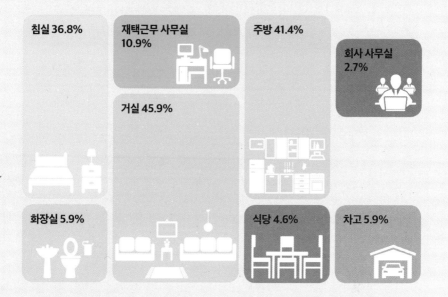

침실 36.8%

재택근무 사무실 10.9%

주방 41.4%

회사 사무실 2.7%

거실 45.9%

화장실 5.9%

식당 4.6%

차고 5.9%

▲ 미국 voicebot.ai에서 분석한 자료에 의하면 주로 집 안에서 스마트 스피커를 활용하는 것으로 나타났다.

어 같은 비정형 데이터가 축적되는 효과가 있어서 빅데이터 학습을 더 강화하는 숨은 동업자가 되기도 한다는 점이다. 다만, 이렇게 소비자의 편리성이 마케터들에게는 불편함이 될 수 있다. 음성 쇼핑은 구매 의사 결정에서 정보 탐색이나 상품 비교 과정이 생략되어 기존에 선호하는 특정 브랜드의 상품만 계속 구매하게 될 수 있기 때문이다. 특히 후발 업체들은 자신들의 브랜드와 상품이 고객의 입에서 자연스레 나오게 하려면 더 많이 광고하거나 제품을 더욱 차별화해야 하고 인공지능 업체와 계약하여 미리 입점해야만 하는 부담이 생긴다.

오프라인에
온라인을 더하다

MARKET
TECH

이제 마케팅은
온오프라인을 넘나든다

이제 상거래는 이커머스에서 모바일 커머스를 거쳐 O2O 커머스라고 해도 과언이 아니다. 과거 한국관광공사에서 주최한 〈LogIn Tourism 2009〉에서 '웹 2.0, 여행을 만나다—스토리가 있는 여행'이라는 주제로 강연한 적이 있다. 발표 내용 중 하나가 박물관이나 역사유적지의 안내판에 관한 것이었다. 설명이 부족하거나 오래된 안내판들이 많고 외국 관광객들을 위한 외국어로 된

99

소비의 형태가 바뀌었다

설명이 적거나 영어뿐이어서 개선이 필요하다는 내용이다.

이 문제를 해결하기 위해 전국 각지의 안내판들을 새로 만들거나 새로운 단말기를 추가로 제공하기에는 엄청난 비용이 들 것이다. 이때 생각한 방안이 바로 스마트폰이다. 요즘 박물관이나 역사유적지를 방문하는 관광객들은 대부분 스마트폰을 사용한다. 또한 인터넷에는 관련 자료와 동영상, 사진들이 즐비하다. 따라서 안내판 옆에 NFC 태그Near Field Communication tag나 QR코드Quick Response code를 부착해두고 거기에 스마트폰을 터치하면 관광공사에서 만든 앱이 자동으로 실행되어 박물관 전시물에 대한 소개나 역사유적지에 대한 설명을 보여주는 방식이다.

그때 나의 제안 때문은 아니겠지만 이제는 박물관이나 미술관, 관광지에서 이러한 QR코드를 쉽게 만날 수 있으니 전망이 틀리지 않았던 것 같다. '가이드온'이라는 앱을 통해 미술관과 박물관, 관광지 등의 여러 설명을 들을 수 있다. 그 결과, 비싼 비용을 지출해가면서 안내표지판을 만들고 유지 보수하는 비용을 아낄 수 있게 됨은 물론 고객에게는 더 많은 정보를 손쉽게 제공하여 만족도를 높일 수 있다.

교보문고의 '바로드림' 서비스가 O2O의 좋은 사례다. 고객들이 교보문고의 모바일앱에서 책을 주문하고 수령할 매장을 선택하여 1시간 뒤 매장에서 직접 받아가는 서비스다. 온라인 할인가로 구매하면서도 배송을 기다리지 않고 바로 받아가서 읽을 수 있다는 장점이 있다. 이를 통해 인터넷 교보문고의 매출과 사용도가 높아졌다. 이전까지 교보문고는 온라인과 오프라인 매장을 모두 운영하다 보니, 다른 인터넷서점들과도 경쟁해야 했다. 그 과정에서 본인들의 오프라인 매장과 서비스나 가격 면에서 차이가 나면서 직접 매장을 방문하는 고객 입장에서는 오히려 불만이 쌓이게 되었다.

그러다 내부적으로 O2O 서비스를 통해 조직과 시스템을 바꾸는 디지털 트랜스포메이션을 이뤄내면서 온라인에서 구매하고 오프라인 매장에서 직접 수령하는 방안을 구축했다. 그 결과 온라인 매출도 증가하고 이를 통해 매장을 방문하는 고객 수도 늘었다고 한다.

> "온라인 주문의 40%가 매장에서 수령되며, 매장에서 온라인 주문한 사람의 30%가 추가구매를 한다."
>
> _ 미국의 대규모 소매업 회사 J.C. Penney의 발표

2018년 말에 인터파크도 영풍문고와 함께 O2O 서비스 '매장 픽업'을 개시하면서 경쟁업체와의 전략적 마케팅으로 주목받았

교보문고 바로드림 서비스

인터파크 매장 픽업 서비스

바로드림
인터넷 가격으로 매장에서 바로픽업

검색
STEP_1
모바일로
도서 위치와 재고를 검색

주문
STEP_2
수령할 지점을 선택하고
바로드림으로 주문

확인
STEP_4
바로드림존에서
확인하면 끝

픽업
STEP_3
매장에서
주문한 도서 픽업

▲ 교보문고는 바로드림 서비스를 통해 오프라인 고객 증가와 온라인 매출 상승이라는 두 마리 토끼를 동시에 잡았다.

다. 인터파크는 많은 회원과 다양한 결제 수단(적립금, 제휴 카드, 간편 결제 등)을 보유했지만 오프라인 매장이 없었고, 영풍문고는 최근까지 전국에 매장을 40여 곳까지 빠르게 확장하면서 방문객 유입이 지속적으로 필요했다. 그렇다고 인터넷서점이 오프라인 매장을 낸다거나 오프라인서점이 온라인 매장을 확장하여 서비스를 제공한다는 것은 큰 비용이 필요하고 서로의 경쟁 폭만 넓히게 되는 상황이 될 게 뻔했다.

이에 양사의 대표가 한자리에 모여서 허심탄회하게 이러한 고민을 공유했고, 업계 최초로 온오프라인 서점 간의 서비스를 연결했다. 이를 위해서는 풀어야 할 숙제가 많았다. 먼저 인터넷서점으로 들어온 주문과 오프라인 매장의 재고 데이터들을 실시간으로 주고받아야 하는데, 각 사의 시스템 구조가 서로 달라서 이를 정리하는 작업이 필요했다. 또한 다른 경쟁 업체와의 동업은 서로의 영업 상황이 간접적으로 노출될 수 있어서 양사 간의 신뢰와 공동의 비전이 중요하다. **온오프라인 경계가 허물어진 고객 경험에 대응해야 한다**는 공동의 목적을 두었기에 가능한 일이었다.

특히, 매장 픽업 서비스는 PC 버전은 없고 오직 스마트폰 앱에서만 이용할 수 있도록 하는 '모바일 퍼스트Mobile first' 전략으로 삼기에 좋은 서비스다. 고객이 인터파크 도서 앱에 접속하면 위치 정보를 바탕으로 가장 가까운 매장에 재고가 있는지를 실시간

▲ 온라인 회원 수가 많은 인터파크와 오프라인 매장 수가 많은 영풍문고가 협업하여 선보인 매장 픽업 서비스는 고객에게는 편의를, 업체에는 매출 증대라는 결과를 가져다주었다.

으로 확인하고 주문할 수 있다. 이를 통해 모바일 서비스 특징을 강조하여 사용률을 높이고, 개발과 디자인 비용까지 절감했다.

온오프라인 경계를 허무는
혁신적인 동업 전략을 세워라

O2O 서비스가 대기업들 사이에서만 가능한 일은 아니다. 많은 회원과 다양한 결제수단을 보유한 온라인 쇼핑몰이나 포털사이트가 지역의 중소매장들과 데이터를 연동할 수도 있다. 인근

지역의 회원이나 유사한 구매 이력이 있는 고객들에게 동의를 받아서 기획이벤트를 홍보함으로써 고객들이 직접 오프라인 매장을 방문해서 구매하도록 할 수 있다. 또는 온라인쇼핑몰의 적립금이나 간편 결제 시스템을 활용하여 주문하고 가까운 매장에서 수령해가는 매장 픽업도 가능하다. 따라서 중소매장들이 홍보 채널과 판매 플랫폼을 얻고 온라인쇼핑몰은 오프라인 매장이 지니는 효과를 함께 가져갈 수 있다면, 더 이상 온라인과 오프라인의 대결구도는 의미가 없다는 말이다. 오히려 소비자에게는 온오프라인 구분이나 고민 없이 원하는 시점과 장소에서 바로 구매할 수 있도록 경험을 제공하는 것이 중요하다.

Market Mind 9

온라인과 오프라인은
경쟁이 아니라 연결 관계다.

O2O 가운데 방향이 반대인 경우도 있는데, 상품을 미리 확인하지 못하고 구매해야 한다는 온라인쇼핑의 단점을 개선한 O4OOnline for Offline 서비스다. 오프라인 매장에서 실제 상품을 살펴보고 온라인에서 구매하는 방식으로, O2O는 온라인에서 소비자를 모아서 오프라인 매장으로 보냈다면 O4O는 오프라인에서

▲ 아마존은 O4O 서비스를 활용한 아마존 4-star 매장을 통해 온라인의 단점과 오프라인의 단점을 동시에 해결했다.

소비자를 모아서 온라인 매장으로 보낸다. 2018년 9월에 오픈한 '아마존 4-스타'가 대표적이다.

아마존 4-스타는 아마존에서 평점 별 4개 이상을 받은 상품과 베스트셀러만을 선별해 진열해놓은 오프라인 매장이다. 소비자들은 아마존에서 인기 있는 상품들을 실제로 살펴보고 아마존 웹사이트에서 바로 주문하거나, 아마존 유료고객인 프라임 회원들은 매장에서 웹사이트와 동일한 가격으로 바로 구매할 수 있다. 이는 아마존의 온라인 경험을 오프라인까지 확장하는 효과가 있다. 이 서비스의 차별점도 고객들이 입력한 별점과 리뷰, 판매 데이터를 활용한 것으로 또 다른 동업 개념이라 할 수 있다.

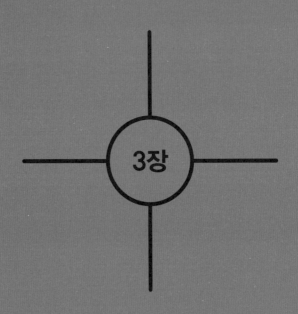

3장

마켓 3.0

소비자와 동업하라

The basic of marketer

구독경제:
소비자는
기회를 산다

MARKET
3.0

제품의 소유에서 가치의 소비로

이제는 원하는 상품과 서비스를 검색하여 구매하고 상품평을 작성하고 공유하는 일련의 과정이 하나의 구매 활동 범위에 들어섰다. 소비자는 개인적인 경험과 상품 정보를 공유하고 자신의 물건을 타인과 공유하기도 한다. 이에 따라 같은 상품도 어떤 모습으로 판매 또는 소비하느냐에 따라 전혀 다른 상품과 가격이 된다. 이는 IT기술의 발달과 빨라진 배송 서비스, 디지털 상품의 등장 및 생활방식 변화에 따른 온디맨드에 대응하는 것으로, 이제는 상거래나 경제 앞에 구독과 공유 같은 새로운 용어가 붙기 시작했다.

구독경제Subscription economy는 **소비자가 일정액을 내면 원하는 상품이나 서비스를 공급자가 약정한 기간 내에서 정기적으로 제공해주는 유통 서비스**다. 미국 아마존의 '아마존 프라임Amazon prime'이라는 멤버십 서비스는 연회비 119달러를 내면 '2일 내 배송' 무료 제공 등 다양한 혜택을 받을 수 있어 가입자만 전 세계 190개국에 1억 3,962만 명이 넘었다고 한다(2018년 4월 아마존 발표 기준). 국내에서도 매월 월정액을 내면 국내외의 다양한 콘텐츠를 시청할 수 있는 넷플릭스가 상륙하면서 서비스 가입자가 벌써 100만 명을 돌파했다.

인터넷의 발달로 주로 VOD, ebook 등 디지털상품을 중심으로 활성화되었던 구독 서비스는 1인 가구의 증가와 배송 시스템의 발달로 다양한 실물 상품으로까지 확장되고 있다. 기존에 매달 구독료를 내고 신문이나 잡지, 우유 등을 배달받던 구독 경험에서 더 나아가 이제는 실생활 전반의 영역으로까지 깊숙이 들어와서 경제의 개념으로 자리 잡았다.

반찬을 정기 배송해주는 '더반찬', 계절에 맞는 꽃을 배달해주는 '꾸까', 매주 셔츠를 세탁하고 다림질까지 해서 배송해주는 '와이

▲ 모바일 플랫폼 시대 구독경제의 대표 주자라 할 수 있는 넷플릭스와 왓챠. 앞으로도 모바일 기기를 통한 구독경제는 더 확대될 것이다.

즐리' 등 구독 서비스가 빠르게 확산되고 있다. 심지어 2019년 초 현대자동차는 '제네시스 스펙트럼'이라는 차량 구독 서비스를 시작했다. 월 149만 원에 제네시스 3종 모델을 원하는 색상과 차종으로 선택해가며 이용할 수 있는 서비스다. 아직은 특정 지역과 한정 인원을 대상으로 한 시범 서비스지만, 자가용도 전통적인 소유개념이 아닌 구독개념으로 변할 수 있다는 점은 시사하는 바가 크다. 이제는 제품을 소유하기보다는 그 가치를 추구하는 쪽으로 바뀌고 있다.

이와 더불어 구독 형태는 아니지만, 미국의 온라인 안경 업체인 '와비파커Warby parker'는 '홈 트라이온Home Try on' 전략으로 주목받고 있다. 소비자가 쇼핑몰에서 마음에 드는 안경테 5종을 고르면 와비파커에서 5개의 샘플 안경을 배송지로 보내준다. 그러면 소비자는 안경을 착용해보고 최종 구매할 디자인을 정한 뒤 샘플 안경을 회사로 반송한다. 와비파커는 미리 입력된 고객의 시력 정보에 따라 원하는 디자인의 맞춤 안경을 배송한다.

결과적으로 고객이 직접 안경원을 방문하지 않아도 5개의 안경을 모두 경험하며 구매하는 방식인 와비파커의 서비스는 큰 성공을 거두었다. 2013년 뉴욕에 처음 문을 연 와비파커 매장은 현재 60여 개의 매장을 오픈했고 앞으로 더 확대할 계획으로, 온라인 매장의 약점인 실제 착용 경험을 보완하는 O4O 마케팅을 더하여 매출을 올리고 있다.

구독 서비스는
소유와 공유의 중간 단계다

구독 서비스는 상품이 아니라 기회를 파는 것이다. 매달 일정액을 내는 이유는 그 이상의 상품 소비가 이루어지리라는 기회(기대)를 바탕으로 하는 것으로, 굳이 가성비를 얻지 못한다면 유지될 수 없다. 월정액을 낸다는 것은 매월 그 금액만큼의 소비를 한다는 게 아니라 가입 기간에 평균적으로 그 정도 이상의 가치를 소비할 수 있다는 기회를 사는 것이다. 이번 달에 바빠서 영화를 한

'와비파커'의 홈 트라이온 전략

'와비파커'의 매장 모습

▲ 와비파커는 고객에게 편리성을 제공함과 동시에 온라인 매장의 약점을 보완하는 O4O 마케팅을 선보이고 있다.

편밖에 못 봤다고 하더라도 다음 달에 더 많은 영화를 같은 가격으로 시청할 수 있기 때문이지 월정액만큼만 소비할 수 있다면 굳이 구독을 매달 유지해야 할 필요가 있겠는가?

<table>
<tr><td>Market
Mind
—
10</td><td>구독경제는 상품이 아니라
기회(기대)를 판다.</td></tr>
</table>

구독 서비스의 가장 큰 경쟁력은 '가성비'와 '추천'이다. 같은 가격으로 소비할 수 있는 상품이 많고 수많은 상품 가운데 본인에게 적합한 상품을 추천해 줄 때 소비자도 만족하고 생산자의 상품도 다시 살아날 수 있기 때문이다. 앞에서도 언급했듯이 해당 상품의 시간을 가져가는 경쟁자가 누구인지 정확히 인식할 필요가 있다. 상품이 아니라 기회를 팔아야 한다는 것은 상품들은 넘쳐나고 개인별 맞춤까지 요구하는 시대에는 특정 상품으로 고객을 집중시켜 대량 판매하기보다는 **각자 원하는 상품을 쉽게 구매할 기회를 팔아야 한다**는 뜻이다.

이와 더불어 '월 정액제'와 '무제한 대여 서비스'는 구매할 때마다 결제 과정을 거치고 반납 기한을 넘기면 연체료까지 내야 하는 고객의 불편함을 없앰으로써 '기회'라는 상품에 고객중심의 '가치'

까지 추가한 점이 중요하다. 과거 넷플릭스보다 앞선 경쟁자였던 미국의 비디오 대여점 '블록버스터Blockbuster'의 몰락은 이러한 불편함을 제거하지 못했기 때문이라 할 수 있다.

앞서 언급했던 아마존 프라임은 무료배송과 더불어 200만 곡의 최신 음악과 40만 권의 전자책 및 다양한 동영상 콘텐츠를 소비할 수 있는 서비스로, 2017년 미국의 종합금융 투자은행인 제이피모건JP Morgan의 분석에 따르면 아마존 프라임 멤버십의 실제 가치를 784달러에 이른다. 즉 연회비 119달러로 784달러의 혜택을 누릴 수 있으니 가성비가 굉장히 높은 서비스다. 그래서 인터넷을 통해 TV 콘텐츠를 제공하는 OTTOverTheTop 업체마다 더 많은 콘텐츠를 확보하기 위해 많은 제작자와 계약하고 더 나아가서 직접 제작하거나 투자함으로써 독점 콘텐츠를 확보하고 경쟁력을 높이려 노력한다.

넷플릭스가 국내에 처음 상륙한 이후 위기를 극복할 때도 이러한 전략을 활용했다. 넷플릭스는 초기에 많은 미국드라마와 영화를 가지고 국내에 상륙했지만, 국내 OTT 업체나 영화 추천 서비스와 경쟁하면서 고전했다. 이때 「옥자」와 「킹덤」 등 한국용 영화와 드라마를 직접 제작하여 넷플릭스에서만 유통하는 '넷플릭스 오리지널' 상품들을 출시하면서 일종의 가심비 효과를 더욱 끌어올렸다.

한편, 방송과 영화, 음원, 전자책 등 디지털 콘텐츠 덕분에 구독이 편해졌지만 상품의 수가 너무 많고 정보도 넘쳐나니 고객 입장에서는 원하는 상품을 골라내는 것도 매우 힘든 일이 되었다. 그래서 구독 서비스의 중요한 전략 중 하나가 '추천'이다. 넷플릭스나 멜론의 사례를 보면 내가 원하는 영화와 음악을 굉장히 잘 찾아서 보여준다. 이는 ① 처음에 가입할 때 사용자가 선호하는 장르를 비롯한 몇 가지 기초 데이터를 입력하게 하고 ② 시청하거나 검색한 상품들의 장르, 아티스트, 스토리 등의 메타데이터metadata를 분석하여 다양한 공통점을 찾아서 사용자가 원할 만한 것을 추천하며, ③ 이를 다시금 시청하면 데이터가 더 보강되는 순환구조를 가지고 있기 때문이다.

구독 서비스는 결국 데이터 싸움이다. 구독 서비스를 성공적으로 유지해나가려면 고객이 원하는 상품을 잘 골라서 보여주는 것이 중요하다. 고객에게 맞는 것으로 판단해서 배송했는데 상품이 고객의 마음에 들지 않는다면 구독은 끊어지고 재고만 쌓이게 되기 때문이다.

결국 **추천의 정확도는 고객들이 입력하는 '선호 데이터'와** 상품을 클릭하거나 구매하는 반응으로 쌓이는 '행동 데이터'를 모아

서 높일 수 있다. 따라서 더욱 정확한 추천을 위해서는 초기에 많은 회원을 모집하여 고객들로부터 다양한 정보를 제공받고, 회사는 그 정보를 분석하여 고객별로 딱 맞는 추천을 제공해주는 '고객 동업'이 필요하다. 고객들의 초기 경험이 중요한 만큼 회원 모집 마케팅과 함께 다양하고 경쟁력 있는 콘텐츠 확보에 더 신경을 써야 한다.

공유경제:
소유보다
공유가 편한
밀레니얼 세대

▶
▷
▶

MARKET
3.0

'비효율'에서 '효율'로 만들어라

공유경제Sharing economy는 제품을 소유하지 않고 서로 대여해서 쓰는 소비 행태다. 주로 자동차나 빈방, 책 등이 대표적이며 기존 소유자에게는 효율성과 부가수익을 가져다주는 대신 고객은 상품을 더욱 저렴한 값에 사용할 수 있다.

새로운 유통 서비스인 공유 서비스는 성격에 따라 두 가지로 크게 구분된다. 소비자의 잉여 자산을 활용하는 것과 생산자의 제품을 빌려서 공동으로 사용하는 것이다. 대표적으로 '에어비앤비'

처럼 각자 소유한 집의 일부 방을 배낭여행객을 위해 숙박 장소로 공유하는 것, 미국의 '우버Uber'나 중국의 '디디추싱滴滴出行', 동남아의 '그랩Grab' 등과 같이 자신의 자가용을 이용하여 사람을 태워다주는 것은 자기가 점유한 잉여 자산을 나누는 방식이다. 해외여행을 다니다 보면 이러한 차량 공유 서비스는 단순히 교통수단이 아니라 이동과 언어의 장애를 한 번에 해결해주는 서비스라는 사실을 알 수 있다.

특히 주차장 공유 서비스인 '모두의 주차장'이 공유경제의 좋은 사례다. 도심에서 운전하다 보면 주차할 곳을 못 찾아 헤매는 경우가 많은데, 이 서비스에서 목적지 근처의 주차장을 검색하여 주차장의 요금과 빈 공간을 확인하고 예약 결제하면 누구나 사용할 수 있다. 무엇보다 자기 집 앞의 '거주자 우선 주차장'을 공유할 수 있다는 점은 **공유경제가 추구하는 비효율의 효율화**의 특징이다. 거주자가 주차장을 사용하지 않는 요일이나 시간대를 입력하면 지도 화면에 공유 내용이 표시되어 다른 운전자가 결제 및 이용할 수 있다.

최근에는 공유경제의 형태가 다양하게 나타나고 있다. '쏘카'나 '따릉이' 등 기업이나 지자체가 제품을 조달하여 다수가 빌려 쓰도록 하는 사업, '트리하우스'와 같이 거실이나 세탁실 등 공용 공간을 두면서 생활하는 공유 주택 등이 있다. 또한 '위워크'나 '패스

차량 공유 서비스인 '그랩' 앱 화면

▲ 그랩은 잉여 자산인 자가용을 활용하여 새로운 공유경제 활동을 만들어내는 서비스다.

공유 주차장으로 사용하는 거주자 우선 주차면

▲ 공유 주차장은 공유경제가 추구하는 비효율의 효율화를 보여주는 좋은 사례다.

트파이브' 등 1인 창업자와 신생기업을 위한 공유 사무실 사업도 있다.

이들은 모두 '공유'의 개념을 바탕으로 하여 소비자의 편익을 높이며 우리 사회 전반의 생활과 환경을 개선하는 데 효과가 있다는 공통점이 있다. 그러나 사업이 등장한 배경에는 다소 차이가 있다. 먼저, 자동차 공유 서비스와 공유 주택 사업은 대량생산과 대량소비, 가족 중심의 시대에 소유한 잉여자산이 해체되어가는 과정에서 생겨났다.

특히 '쏘카'와 '카카오 카풀', '타다'가 일반 차량 공유 서비스와 다른 점은 일반적인 공유 서비스는 '비효율의 효율화'를 지향하는 데 반해, 새로이 차량이 추가되거나 운전자가 있는 운행 서비스를 제공하는 개념이라는 점이다. 그 결과, 기존 운송 사업자와 운전기사들의 생계 문제와 연결되어 갈등이 발생한다. 생계 매출과 부업 매출이 경쟁하면 생계 매출이 불리할 수밖에 없고, 부업 매출만의 시장 확대는 서비스의 기반을 약화하고 저소득근로자를 양산하는 결과를 불러올 수 있다. 이에 관한 사회적 차원의 심오한 논의가 필요하다.

한편, 공유 주택 사업은 밀레니얼 세대의 특징인 1인 가구, 저출산 및 저소득 구조, 급변하는 기술과 유행으로 인해 소유 경제에 대한 비용 부담이 높아지고 필요성이 낮아지면서 나타난 대여 서비스 사업의 변화다. 상거래에서는 이러한 소비 변화에 따라 상품의 양을 줄이고 가격을 낮춰서 경제적 부담을 감소시키고, 구독 경제를 통해 개인 맞춤 서비스로 소비시키려 노력했지만 실물 상품에는 다소 한정적일 수밖에 없었다.

이제는 이러한 적은 부담마저 덜어주기 위해 공유 모델에 새로운 사업을 접목하려는 모습이 나타나고 있다. 신생기업인 '카고 Cargo'는 부업 매출의 낮은 소득을 높이기 위해 공유 차량 내 미니 자판기인 '카고 박스Cargo box'를 제공한다. 차량에 탑승한 고객은 카고 박스에 있는 QR코드를 스캔하여 메뉴를 확인하고 필요한 상품(주로 초콜릿, 사탕, 과자 등)을 구매한다. 이를 통해 고객에게는 편의성을 제공하고 운전자에게는 추가 수익을 준다. 또 다른 방식으로 공유 차량 위에 스마트 스크린을 설치하여 광고 채널로 사용하는 '파이어플라이Firefly'도 있다. 각 스크린에는 센서가 탑재되어 위치별, 시간대별로 표적화된 광고를 진행한다. 즉 광고주인 기업과 공유 차량 운전자를 연결함으로써 기업은 광고 효과를 높이고 운전자는 부가 수익을 올릴 수 있다.

국내에서도 유사한 형태의 사업이 시도되고 있는데 상생형 차

공유 차량 내 '카고 박스'

▲ 우버 차량 안에 미니자판기를 설치해 운전자의 추가 수익을 보장하는 카고 박스는 공유 경제 상품이 어떤 방식으로 확장되어 가는지 보여준다.

차량 위에 설치된 '파이어플라이' 광고 스크린

▲ 공유 차량을 광고 채널로 사용하는 파이어플라이는 기업의 광고 효과를 높이는 동시에 운전자에게 부가 수익을 준다.

량 공유 서비스 '뿅카'가 대표적인 사례다. 이 서비스는 공유 차량을 광고 플랫폼으로 사용하는 대신에 고객들은 차량을 무료로 사용할 수 있다. 즉 공유 차량에 광고를 부착하는 조건으로, 비용은 광고주가 광고비로 부담하는 대신에 소비자는 무료로 차량을 이용한다. 광고주가 원하는 경로를 거쳐 가며 이동하면 고객은 별도의 보상도 받을 수 있다. 이처럼 공유 상품의 가치는 다양한 방향으로 진화하고 있다.

마케팅 실무자로 일하면서 공유경제에 관해 고민한 적이 있는데, 대표적인 것이 '바이백Buyback' 서비스다. 바이백 서비스는 말 그대로 판매한 고객에게서 되사는 것으로, 공유 상품이나 대여 상품과는 달리 초기 구매 고객에게는 '소유'라는 의미를 준다. 고객이 재매입을 보장하면 소비자는 처음에 내는 가격에 대한 부담이 어느 정도 감소하여 구매 결정에 긍정적 영향을 미친다. 일정 기간이 지난 뒤 소유자산의 가치가 낮아지면 고객은 소유를 유지할지 아니면 되팔지를 선택할 수 있다. 이 경우 해당 상품의 성격은 대여 상품 또는 공유 상품으로 바뀌게 되는 것이 바이백 서비스를 활용한 마케팅이다.

예를 들면, 어린 자녀를 위해 장난감이나 동화책 세트를 10만

▲ 이제는 거의 모든 인터넷 서점이 바이백 서비스를 제공하고 있다. 바이백 서비스는 해당 쇼핑몰에 대한 소비자의 충성도를 높여준다는 긍정적인 효과도 있다.

원에 구매했는데 일정 기간이 지나 자녀가 더 이상 그 상품을 사용하지 않을 수 있다. 이때 인터넷 쇼핑몰이 고객에게 되팔지 여부를 묻고, 고객이 되팔기를 원하면 택배 기사가 회수해온다. 고객에게는 상품의 상태에 따라 정해진 금액을 되돌려주고, 수거해온 상품은 중고 상품으로 다른 고객에게 판매한다.

이러한 방식은 신상품을 구매하는 고객들에게도 부담감을 줄여주고, 향후 중고 상품으로 재활용되어 자원도 아끼면서 부담 없는 가격으로 소비의 기회도 늘리는 효과가 있다. 다만 중고 상품은 품질 확인이 중요한데, 인터넷 쇼핑몰은 수거해온 중고 상품의 상태를 물류센터에서 검수하고 품질 등급에 따라 매입 가격을 책정하여 고객에게 지급한다. 이 과정에서 생산성이 떨어지거나 고객이 기대한 매입 가격보다 낮은 가격으로 정산을 받게 되면 오히려 고객 경험을 저해하는 요소가 될 수 있으니 주의해야 한다.

공유경제는 상품의 가치를 재활용한다는 공익의 의미도 지니지만 그런 선의만으로는 유지될 수 없다. 공유의 가치는 인터넷과 스마트폰과 같은 IT를 기반으로 하여 소비자가 원하는 시간과 장소, 가격에 맞춰서 즉시 제공할 수 있는 '온디맨드 경제'에서 탄생했다. 따라서 자신이 소유한 **자산의 점유를 줄이고 이를 통해 늘어난 소비 기회로 제공자와 소비자 모두의 이익이 상승한다**는 점을 기억해야 한다.

▶
▷
▶

언택트 마케팅:
불친절한
편리함의 시대

MARKET
3.0

고객이 스스로 하는 셀프의 시대

요즘은 식당에서의 '물은 셀프입니다.'라는 안내 문구가 익숙한 시대다. 언젠가부터 물뿐만 아니라 셀프 주유, 셀프 세차가 등장하더니 글로벌 가구업체인 이케아가 등장하면서 가구까지 직접 조립해서 사용하라고 한다. 또 백화점이나 매장에 들어가면 점원들이 옆을 따라다니며 안내하는 게 간혹 불편하다고 느낄 때가 있는데, 이제는 손님이 부르지 않으면 점원이 우리를 본체만체하기도 한다. 이것도 일종의 '언택트 마케팅Untact marketing'이다.

언택트 마케팅은 '접촉하지 않거나 접촉을 최소화한다'는 개념을 중심으로 하여 무인 계산대, 키오스크 등 첨단기술을 활용해 비대면으로 상품거래가 이뤄지게 하는 마케팅이다. 반대로 바라보면 고객이 알아서 상품을 고르고 계산도 하라는 의미에서 일종의 '불친절한 편리함'이라고 할 수 있다.

스타벅스의 '사이렌 오더Siren order' 서비스가 대표적인 예로, 고객이 스타벅스 앱에서 미리 음료를 주문하고 기다리다가 음료가 준비되었다는 알림이 오면 받으러 가는 방식이다. 굳이 계산대에 가서 주문하고 지갑에서 카드를 꺼내 결제하며 영수증까지 주고받아야 하는 번거로움이 없어서 고객은 시간을 절약하고 업체는 주문받는 데 필요한 인력을 줄여 음료를 만드는 데 더 집중할 수 있다.

면대면으로 주문하고 기다리며 비용을 다 지불하기보다는 직접 주문하고 가져오면서 해당 비용을 절감하거나 추가 혜택을 받는 것이 더 유리하다고 느끼면서 이러한 변화는 빠르게 확산되고 있다. 카메라와 센서, 인공지능 기술을 활용하여 계산대가 없는 무인 편의점인 '아마존고Amazon Go'는 미국 시애틀의 본사 건물을 시작으로 시카고, 샌프란시스코 등 총 11곳을 운영하고 있으며 2023년까지 3,000개의 매장을 열 계획이다. 소비자가 매장에 들

'아마존 고'의 운영방식을 나타낸 사진과 문구

'아마존 고'의 매장 모습

▲ 소비자의 편의성을 높이기 위해 과감하게 계산대를 없애버린 '아마존 고'의 매장 모습.

어가면서 휴대폰 태그로 본인임을 인증한 뒤 원하는 상품을 장바구니에 담아서 그냥 들고 나오면 미리 등록해놓은 결제수단으로 자동으로 계산되는 방식으로 운영된다.

그동안 오프라인 매장이 물건을 직접 보고 즉시 가지고 간다는 장점은 있지만, 늘 계산대 앞에 줄을 서서 기다려야 하고 구매하려는 상품을 일일이 꺼내서 계산한 뒤 다시 담거나 결제 수단을 꺼내 건네야 하는 불편함이 있었다. 이러한 **계산 과정에서의 불편함을 아예 없애는 것이 바로 언택트 마케팅**이다. 보통 유통 매장에서는 실제로 매출이 일어나는 계산대가 가장 중요한 과정이라 생각했는데 관점을 바꾸면서 다른 길이 보이게 되었다.

물론 아직 무인 매장에 대한 투자는 고민할 점이 많다. 수익성이 높지 않은 상품을 판매하기 위해 각종 카메라나 센서, 결제 시스템을 도입하는 것은 어려울 것이다. 그러나 만약 여러 매장이 체인화하거나, 무인 시스템으로 판매와 재고 상황이 실시간으로 정리 및 자동 발주되는 등 도매 업체와 협업하여 도입 비용을 절감한다면 가능할 수 있다.

최근 중국은 안면 인식 기술에 많은 투자를 하고 있는데 앞으로는 사람이 결제 수단이 될 것이다. 홍채와 지문, 음성, 정맥 등의 생체 정보에서 더 나아가 이제는 얼굴도 데이터가 된다. 카메라의 발달과 5G로 초연결 시대가 열리면 쇼핑을 마치고 바로 문을 통과하면 사람의 안면을 인식하여 구매 금액이 자동으로 결제될 수 있다. 이처럼 이제 소비자의 입력 정보, 행동 데이터, 얼굴 등 모든 것이 데이터가 되고 있다.

할인과 혜택을 보장하라

고객이 스스로 주문과 결제까지 하면서 그동안 주문을 받기 위해 필요했던 인력과 장비에 소요되는 비용이 절감된다. 해당 비용을 고객과 분담하게 되었기 때문이다. 다만 고객이 셀프 주문을 수용하기 위해서는 '할인'과 '혜택'이라는 두 가지 전제 조건이 필요하다.

1. 할인이 적으면 비싼 게 아니라 불편한 것이다
고객이 본인들의 셀프 주문을 합리적인 소비를 위한 투자 활동으로 생각할 수 있어야 하며 그 소비와 투자라는 두 활동은 서로 같은 정도여야 한다. 할인에는 가격을 직접 깎아주는 것과 적립금이나 쿠폰에 도장을 찍어주는 방식의 우회 할인도 포함될 수 있다. 만약 할인이 적다면 그건 비싼 게 아니라 불편하거나 불친절하다고 느끼게 되는데, 이를 회복하려면 부족한 차액만큼이 아니라 그보다 훨씬 더 큰 비용을 지급해야만 한다. '절감된 비용을 할인 비용으로 쓰면 결국 손익에서는 좋아지는 게 없으니 무슨 의미가 있느냐?'고 반문할 수도 있지만, 이 과정을 통해 경쟁업체보다 가격경쟁력이 생긴다.

2. 수고의 대가로 즐거운 경험을 제공하라

언택트 마케팅에서의 혜택은 비싼 사은품이 아니라 즐거운 경험을 말한다. 스타벅스의 사이렌 오더의 기능 중에 '퍼스널 옵션'이 있다. 본인이 원하는 대로 자신만의 메뉴를 만들어 주문할 수 있어서 고객은 자신이 바리스타가 된 듯한 즐거움을 느낄 수 있다. 이러한 특징 덕분인지 하루 평균 사이렌 오더로 주문하는 양이 무려 11만 건으로 전체 주문의 18%까지 성장했다고 한다.

> "디지털 세대라는 새로운 환경 속에서 소매 회사가 이기려면 그 회사의 매장은 경험을 제공하는 유일한 목적지여야만 한다.
>
> _ 하워드 슐츠(Howard Schultz), 스타벅스 창업자

다양한 업계에서 즐겁고 색다른 혜택을 제공하는 마케팅을 폭넓게 활용하고 있다. 영국의 호텔 '시티즌 M'은 3성급 호텔 요금에 5성급 호텔 수준의 서비스를 제공한다. 이를 위해 도입한 것이 바로 무인 체크인check in 시스템이다. 투숙객은 불편하게 줄 서서 체크인하지 않고 로비에 마련된 키오스크 모니터를 이용하여 직접 체크인한다. 이때 고객이 직접 방 배정을 할 수 있어서 호텔에서 일방적으로 배정했던 이전과 달리 재밌는 경험을 제공받고 좋은 기분으로 투숙할 수 있다.

이러한 방식은 항공업계에서도 널리 이용하고 있는데, 미리 항공사 사이트나 앱을 통해 셀프 체크인을 하면 배정된 좌석을 본인

▲ '시티즌 M' 호텔은 로비에 마련된 PC로 투숙객이 직접 체크인함으로써 원하는 방을 선택하는 등 색다른 경험을 제공한다.

이 원하는 좌석으로 변경할 수 있다. 고객은 자신의 좌석을 스스로 정했다는 만족과 편리함을 제공받고 항공사는 체크인에 필요한 시간과 비용을 절감한다.

2018년 GS홈쇼핑의 모바일 쇼핑 취급액이 2조 원을 달성하면서 처음으로 TV 쇼핑 취급액을 넘어섰다. 물론 동영상 콘텐츠가 지니는 이점을 활용하여 기존 TV 채널의 한계를 극복하고 모바일 쇼핑으로 확대하는 전략의 영향도 있지만, 주문 방식의 변화도 큰 영향을 미쳤다. 고객이 TV로 생방송을 시청하면서 고객센터에 전화를 걸어 상담원과 대화하며 상품을 주문하기보다는 방송으로 보고 있는 상품을 모바일 앱에서 직접 바로 주문하는 방식이 더 편리하다고 느낄 수 있기 때문이다.

초기에는 홈쇼핑 화면에 QR코드를 띄워 두고 바로 스마트폰으로 찍어 상품을 검색하도록 하거나 추가로 혜택을 제공하면서 모바일 앱을 통한 결제를 유도했는데, 결국 이것도 고객이 직접 주문하게 하는 방식이다.

그 결과, 홈쇼핑 업체는 방송 시간대에 TV 앞에 없는 고객들에게도 모바일을 통해 판매할 수 있으니 판매의 기회가 확대되었고, 상담 인력과 주문 접수에 드는 비용도 절감하게 되었다. 소비자 입장에서는 방송 시간에 꼭 TV 앞에 앉아 있을 필요가 없고 상담

원에게 전화하여 일일이 주문 상품과 옵션을 설명하지 않아도 되어 쇼핑이 더 편리해졌다.

이제는 즐거운 소비 경험도
판매 상품이 된다.

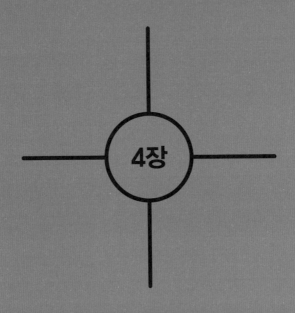

4장

마켓 데이터

동업의 조건

The basic of marketer

소비자를
문 안으로
끌어들이는 법

MARKET
DATA

문턱을 넘어온 고객이
진짜 소비자다

이제 전자상거래는 단순한 판매의 기능을 뛰어넘어 미디어의 역할까지 하기에 이르렀다. 예를 들어 인터넷서점에는 하루에 수십만 명이 방문하는데, 그 가운데 책을 사는 사람은 약 10~20%에 불과하다. 나머지 80%는 새로 나온 책을 구경하거나 본인이 관심 있는 책과 관련하여 다양한 정보를 얻기 위해 방문한다. 즉 인터넷서점에 일종의 미디어 역할이 생겼다.

이처럼 사이트를 방문하는 트래픽 증가로 발생하는 매출이 바로 광고 매출이다. 생산자의 입장에서는 당연히 불특정 다수에게 광고하는 것보다 **제품에 관심을 지닌 고객들이 모인 곳에 광고하는 것이 더 효율적**이다.

우리의 기억을 잠깐 과거로 돌려보자. 현재 국내의 대표 포털사이트는 '네이버Naver'지만 2000년대 초까지만 해도 네이버는 '다음Daum'과 경쟁하는 매출 2위의 기업이었다. 그런데 어떻게 우리나라를 대표하는 포털사이트로 자리매김하게 되었을까? 그 성공 요인으로 가장 손꼽히는 것은 회원 서비스log in service다. 회원 서비스는 일명 로그인 기반 서비스로, 해당 서비스를 이용하려면 반드시 매번 로그인을 해야 한다.

당시 네이버의 '검색'과 '뉴스' 서비스는 굳이 회원가입이나 로그인이 필요하지 않은 서비스였지만 다음의 '메일'과 '카페'는 회원 서비스로 운영되었다. 이 점은 광고 수익에 큰 차이를 만들어 낼 수밖에 없었다. 광고주는 회원 서비스로 고객을 특정할 수 있어 타겟팅한 광고로 효율적인 마케팅이 가능했던 다음 사이트에 주로 광고를 노출했다. **고객이 누구이고 무엇에 관심이 많은지를 알아야 그에 맞는 상품을 추천해주거나 적합한 광고를 노출하여 광고 효과를 높일 수 있기 때문**이다.

이에 네이버도 '지식in', '블로그', '카페' 등 각종 회원 서비스를 선보이면서 광고 효과를 높이기 시작했고, 2004년에는 방문자 순위에서도 1위로 올라섰다. 또한 이렇게 회원들이 만들어준 콘텐츠와 정보는 한국형 포털 사이트로서 입지를 다지는 원동력이 되었다. 외국의 포털사이트인 구글이나 야후코리아는 검색 시 인터넷상의 데이터를 보여주는 데 그치지만, 네이버는 지식in과 블로그, 카페 등 자체적으로 구축한 한국어 기반의 맞춤 데이터를 제공하는 확실한 소비자와의 동업이다.

이와 비슷한 사례로 2019년 초 아마존은 무료 샘플을 기반으로 한 광고 사업을 시작한다고 밝혔다. 고객들이 선호할 만한 브랜드의 샘플 제품을 장바구니에 자동으로 넣어서 보내주는 방식으로, 과거의 구매 데이터를 분석하여 구매 전환율이 가장 높은 고객을 선별하고 이들에게 무료 샘플을 제공함으로써 해당 상품으로 구매를 유도한다. 이는 아마존의 경쟁 사이트인 구글이나 페이스북과는 다르게, 구매 상품과 배송지 데이터를 기반으로 하는 아마존만의 차별화된 광고 사업이다.

동영상 콘텐츠를 유통하는 넷플릭스와 유튜브를 비교해보면 쉽게 이해할 수 있다. 두 업체 모두 동영상이라는 동일한 성질의 상품을 유통하지만 넷플릭스는 고객으로부터 월정액을 받아 매출을 올리는 대신에 광고를 보여주지 않는다. 반면, 유튜브는 무료로 동영상을 제공하는 대신에 광고를 보게 함으로써 수익을 올린다. 콘텐츠 확보를 위해 넷플릭스는 제작에 투자하고 유튜브는 높은 조회수를 올리는 동영상 크리에이터에게 광고 수익을 나누어 준다. 물론 콘텐츠 공급자에 따라 다를 수 있지만, 유사한 상품의 유통을 어떻게 볼 것인지에 따라 매출의 원천은 달라질 수 있다.

회원 서비스의 목적은 단순히 더 많은 고객리스트를 확보하는 것이 아니다. 판매 상품에 가장 적합한 고객을 찾아내고 관리함으로써 판매를 높이고 판촉 비용은 낮추며 고객의 만족을 높이기 위한 과정임을 명심해야 한다.

Market Mind 12

회원 서비스의 목적은 많은 고객의 확보가 아니라 적합한 고객을 찾아내는 것이다.

매출의 개념은 상품 판매에만 있지 않고 고객에게도 있다. 단순히 좋은 상품을 가져다가 값싼 가격으로 판매하는 것만으로는 경쟁에서 항상 승리할 수 없다. 당신의 고객이 누구이고 어디에 관심이 보이며 무엇을 좋아하는지를 파악하고 관리하면서 필요한 정보를 제공하고 관계를 유지해야 한다. 이를 통해 다른 업체와

불필요한 경쟁을 하지 않으며 제품을 판매할 수도 있고 광고매출이라는 새로운 수익도 만들 수 있다.

고객의 발길이 오래 머물수록
마케팅의 기회가 늘어난다

이제 상당수의 고객은 모바일로 구매한다. 특히 스마트폰에 쇼핑 앱을 설치해놓고 필요한 제품이 있을 때마다 앱에 접속해 구입하는 경우가 많다. **판매자는 앱 푸시를 통해 실시간으로 구매로 유도하기도 한다. 이에 따라 판매자의 앱을 소비자의 스마트폰 속에 어떻게 탑재시키며 삭제되지 않고 계속 남아있게 하느냐**는 잔존율 관리가 마케터의 어려운 숙제가 되었다. 많은 광고비를 쏟아부어 해당 앱의 사용자를 끌어모으더라도 얼마 지나지 않아 앱을 삭제하는 사용자가 많다면 의미가 없기 때문이다.

유명 애널리스트인 메리 미커Mary Meeker의 '인터넷 트렌드 2016'에 따르면 평균적으로 스마트폰에 설치된 앱의 개수가 33개 정도이며, 개별 유통 업체의 앱을 사용하지 않는 이유로는 '공간을 차지하거나 다운받기 싫기 때문'이라고 한다.

더 많은 고객이 앱을 지속적으로 사용하도록 하려면 앱 푸시,

카카오 알림톡, 문자메시지 등을 보내서 꾸준히 소통하는 방식도 좋지만, 모바일 전용 쿠폰이나 추가 적립 등 모바일 접속 시에만 제공하는 혜택과 채팅 주문이나 위치 기반 검색 등 스마트폰의 기능을 활용한 모바일 전용 서비스로 차별화해야 한다.

국내에서 모바일로 주문하는 비중이 1~2년 사이 빠르게 증가하며 이제는 50% 이상을 넘어서고 있다. 모바일은 PC로 주문하는 것에 비해 화면이 작아서 한 화면에 제시되는 상품의 종류가 줄어든다. 또한 상품의 자세한 정보를 보거나 다른 상품을 검색하는 데도 어려움이 있어서 마케팅 활동에도 제약이 발생한다. 주문도 여러 개를 주문하기보다는 단품 주문이 늘어나 객단가가 낮아져 물류비용까지 증가하기도 한다.

그러나 그동안 고객이 PC 앞에 앉아야 쇼핑몰 접속이 가능했다면 이제는 손에 늘 들고 있는 스마트폰으로 언제 어디서나 쇼핑몰로 바로 입장할 수 있다. **판매자들은 실시간으로 광고와 홍보 활동이 가능해지면서 마케팅 기회가 많아지고 비용도 절감**할 수 있다는 장점이 있다.

이렇듯 고객이 누구인지 알고 행하는 광고는 더 효과적이며 소비자도 본인에게 더 적합한 정보를 제공받을 수 있다. 많은 회원 수와 판매자를 확보한 주요 쇼핑몰은 상품 구매율을 높이는 동시

에 미디어 기능에 따른 광고 매출도 가능해지면서 회원 서비스의
필요성이 더욱 강조되고 있다.

소비자는
언제나
흔적을 남긴다

MARKET
DATA

디지털 발자국을 따라 움직여라

평소 우리가 발걸음의 모습이나 보폭을 제대로 모르고 걷듯이 소비자는 본인에게 필요한 정보를 스스로 정확하게 인지하지 못하는 경우가 많다. 이때 판매자가 온라인상에 흔적으로 남은 소비자의 디지털 발자국을 따라가다 보면 자연스레 소비자의 요구를 알 수 있다. 사용자가 어디에 있었고 어디로 이동하는지를 보여주는 디지털 경로와 마우스 클릭으로 쇼핑에 이르는 각 단계를 즉시 알 수 있는데, 이러한 인터넷상의 일련의 행동 정보를 '클릭 스트림Click stream'이라고 한다.

소비자가 온라인에서 검색한 정보나 공감을 표시하고 공유한 정보 등등 다양한 데이터가 쌓여 디지털 발자국을 남긴다. 이제는 모바일 기기의 확산과 사물인터넷을 통해 소비자의 위치 정보와 생활환경 등 모든 것이 네트워크로 연결되는 시대가 되면서 유통되는 데이터도 비약적으로 증가하고 있다.

빅데이터는 회원정보, 판매실적, 상품정보, 재고정보와 같은 정형적 데이터와 음성, 이미지, 사용 후기와 같은 분석이 어려운 비정형적 데이터가 포함된다. 빅데이터를 분석할 때는 빅데이터의 수집과 저장, 학습 및 처리가 동시에 이루어져야 한다.

이전까지는 빅데이터를 보관하고 분석한 뒤 학습하는 기술이 없어서 데이터를 모으거나 제대로 활용하지 못했다. 그러나 이제는 5G 서비스를 통해 방대한 정보가 담긴 클라우드 서버와 인공지능이 실시간으로 연결되면서 유통 시장에 큰 변화가 예견된다. 우선 각종 데이터 분석을 통해 소비자가 원하거나 필요할 상품을 정확하게 예측하여 신속하게 제공할 것이다. 또한 인공지능을 활용하여 전문적인 추천을 통해 주문하거나 가상현실을 사용하여 시간과 장소에 구애받지 않고 마치 매장에 있는 것과 같은 리얼리티 쇼핑이 가능해질 것이다.

빅데이터를 활용하는 목적은
정확한 추천과 수요 예측이다.

이러한 일들이 현실이 되려면 먼저 데이터가 필요하며 그 **데이터를 만들어주는 주체가 바로 소비자**다. 소비자가 직접 입력하거나 각종 소비 활동을 통해 생성한 데이터를 분석함으로써 판매자는 소비자에게 더 정확한 추천을 제공할 수 있다. 수요를 예측할 수 있기에 상품의 제작부터 재고 관리, 배송 준비 등 여러 분야에서 도움을 받을 수 있다. 이 모든 과정은 결국 소비자가 더 편하고 본인에게 잘 어울리는 상품을 구매하도록 해준다. 빅데이터는 단순히 데이터의 양이 많아서가 아니라 소비자의 솔직한 마음을 읽을 수 있기에 소비자의 선호를 더 높일 수 있다. 이제는 **소비자가 직접 데이터를 제공함으로써 그에 따른 만족스러운 서비스를 제공받는 협업과 동업의 관계로 확대**되고 있다.

최근 모바일과 소셜미디어의 활용이 확대되면서 디지털 발자국이 여러 시장 기회를 만들어준다. 그 사례로 1회성 판매와 1인 쇼핑몰이 대표적이다.

요즘 소셜미디어에서는 쇼핑몰 광고가 아닌 하나의 상품만을 광고하는 경우가 많다. 이는 소셜미디어의 특성상 개인별로 타겟팅이 가능하지만 본래 쇼핑을 위한 공간이 아니므로 1회성 판매의 형태를 보이는 것이다. 소셜미디어에서의 광고는 기본적으로 소셜미디어 사용자들의 빅데이터를 분석하여 타겟팅 서비스를 제공하는 것으로, 실제 구매로 이어지는 비율이 높고 매출을 올리기나 쇼핑몰 사업을 하기가 용이하다. 이에 기존의 쇼핑몰들은 상품의 구매 데이터를 분석하며 소셜미디어와의 융합을 위해 노력하고 있다.

족집게 판매로
효율성을 높여라

MARKET
DATA

기술의 속도를 앞지르는
마케팅 생각의 속도

이제 마케터는 마케팅 영역에 '디지털 트랜스포메이션Digital transformation'을 적극적으로 받아들여야 한다. '디지털 트랜스포메이션'이란, 기업이 디지털과 물리적 요소를 통합하여 비즈니스 모델을 변화시키고 산업에 새로운 방향을 정립하는 전략이라고 정의된다. 이는 곧 고객의 정보나 상품의 형태, 유통 과정이 디지털화되고 있으니 이를 어떻게 잘 활용하느냐에 따라서 사업의 성패가 갈릴 수 있다는 뜻이다.

소비자와의 동업은 소비자가 제공해주는 디지털 데이터에 의해 이루어지는 것이므로 각 기업은 많은 회원을 모으고 다양한 행동을 요구하며 데이터를 모아야 한다. **모든 마케팅 활동과 투자는 '데이터 축적'이라는 명확한 목적을 염두에 두어야** 한다.

2018년에 쿠팡은 1조 원 규모의 막대한 적자를 기록했다. 이 적자가 많은 고객을 모으고 그들의 소비 행태를 분석하며 방대한 빅데이터를 축적 및 학습하는 데 필요한 단계였기를 바란다. 또한 앞으로 개인별 상품 추천과 상품별 수요 예측, 예측 배송과 같은 배송 프로세스를 고도화하는 고객 획득 비용, 데이터 수집을 위한 투자였기를 기대한다.

쿠팡은 수많은 고객의 구매 데이터와 쿠팡맨들의 배송 과정에서 얻은 빅데이터를 바탕으로 강력한 개인 맞춤형 서비스를 선보이며 고객의 만족을 이끌어내야 한다. 또한 그 만족감은 로켓배송이라는 배송 품질을 대체할 정도가 되어야 한다. 그러면 경쟁 업체들이 그 규모의 적자를 감수하면서 추격하기도 어렵고, 쿠팡이 추가 투자까지 받게 되면 경쟁자 모두가 뒤로 밀릴 것이다. 그러나 그 비용의 상당수가 로켓배송 서비스에 대한 소비자의 기대치에 맞추기 위한 물류비용이라면 이야기는 달라진다. 우리의 내수

시장 규모와 기존 택배사와의 경쟁과 재고 부담, 인건비 상승, 지속적인 가격 경쟁 하에서 끊임없이 도전받게 될 것이다.

최근 가전, 자동차, 통신 등 다양한 분야의 많은 기업이 스스로 제조업체가 아닌 서비스업체로 변하겠다고 선언하고 있다. 그 목표를 이루며 디지털 트랜스포메이션하기 위해서는 기업 내에 디지털 관련 부서가 필요한 것이 아니라 **디지털 데이터에 기반한 의사결정을 할 수 있는 조직문화가 형성되어야** 한다.

그동안 의사결정의 주요 사항은 성공 경험이었다. 회의 때마다 자주 나오는 말이 바로 '국내외에 성공사례가 있는가?', '경쟁 업체는 어떻게 진행해서 성과를 냈는지 조사해 봐라', '내가 예전에 성공해봐서 아는데…'와 같이 수많은 마케팅 활동 중에서 성공한 사례를 고찰하며 기대성과를 높이고 위험 부담을 낮추는 의사결정을 해왔다.

그러나 지금은 IT기술이 더욱 발전하고 소비 활동이 복잡해짐에 따라 다양한 데이터를 분석하여 최적의 결론을 도출한다. 앞으로는 방대한 데이터가 축적됨에 따라 인공지능으로 학습하고 예측하면서 어려운 문제를 더 손쉽게 해결할 수 있을 것이다.

Market Mind 14

이제 의사결정 방식은 단순한 '경험'에서
'경험 + 데이터 + 인공지능'으로 변화했다.

과거의 쇼핑몰이 물류 시스템에 먼저 투자했다면 이제는 데이터의 축적에 먼저 투자해야 한다. 5G, 클라우드 컴퓨터, 인공지능 등 기술이 빠르게 발전하고 서로 연결되기 시작하면 사업의 성패는 누가 더 많은 데이터를 가지고 있느냐에 달렸다.

특히 고객이 만들어준 다양하고 방대한 데이터가 필요하며 그것이 곧 그 기업의 중요한 자산이나 경쟁력이 된다. 시대의 흐름에 합류하지 못하고 뒤늦게 대응한다면 고객의 데이터를 해석하기도 어렵고, 힘들게 데이터를 모으는 동안 경쟁자의 서비스는 더 빠른 속도로 고도화될 것이다. 이때 근간이 되는 데이터는 소비자의 도움이 없이는 불가능하므로 다양한 혜택과 경험을 제공하면서 서둘러 동업 관계를 형성해야 한다.

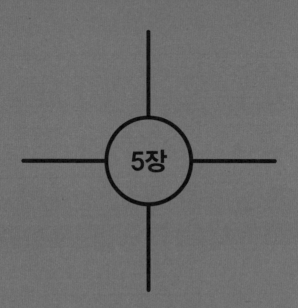

5장

마켓 플라이휠

동업의 확산

The basic of marketer

MARKET
FLYWHEEL

검색과
공유의 시대

변화하는 소비 패턴에 맞춰라

과거 우리 부모님 세대에서 상품을 구매하던 모습을 떠올려보자. 신문을 읽거나 거리를 거닐다가 백화점의 할인 광고를 발견하고 광고 문구를 찬찬히 읽는다. 해당 상품을 사야겠다는 생각이 들면 메모한 뒤 백화점을 방문하여 상품을 구매한다. 이 과정을 전형적인 소비자의 구매 행동 패턴인 AIDMA 모델[01]의 5단계로

---

01   1920년대 경제학자 롤런드 홀Rolland Hall 교수에 의해 만들어진 이론

1단계
Attention (주목)
신문이나 거리에서 백화점 시즌 세일 광고를 발견함.

2단계
Interest (흥미)
광고 문구를 찬찬히 읽음.

3단계
Desire (욕망)
해당 상품을 사고 싶은 마음이 생김.

4단계
Memory (기억)
광고를 기억하기 위해 메모함.

5단계
Action (구매 행동)
백화점에 방문하여 해당 상품을 구매함.

▲ 인터넷이 등장하기 전 상품을 구매하는 전형적인 과정이다.

설명하면 160쪽의 그림과 같다.

반면 요즘 우리가 상품을 구매하는 모습은 어떠한가? 우선 광고를 접하는 상황이 매우 다양해졌다. 인터넷쇼핑몰과 포털 사이트, 소셜미디어에 올라오는 사진이나 후기 또는 표적화 된 배너광고 등 다양한 곳에서 광고를 마주한다. 광고를 본 뒤에는 매장을 직접 방문하지 않아도 인터넷으로 바로 구매할 수 있다. 상품을 수령한 뒤에는 상품의 구매 후기를 적어 달라는 쇼핑몰의 메일이나 앱 푸시를 받고 기꺼이 본인들의 경험을 다른 사람과 공유하기도 한다.

이러한 소비자의 구매 행동 패턴의 변화를 기존의 AIDMA 모델로 설명하기에는 부족하다. 그래서 다시 정리된 것이 바로 162쪽의 AISAS 모델02이다. 기존의 모델에서 '검색'과 '공유' 단계가 추가되었다.

두 모델을 비교했을 때 AIDMA 모델이 일직선 구조의 모습이라면 AISAS 모델은 계속해서 돌고 도는 순환 구조다. 구매자가 늘면 후기도 늘고 후기가 늘면 더 많은 고객에게 노출되어 다시 구매가 늘어나는 형태가 된다.

---

02   2005년 일본 최대의 광고대행사인 덴츠Dentsu에서 발표한 이론

AISAS 모델

1단계
Attention (주목)
각종 온라인 사이트에서 상품 광고를 접함.

2단계
Interest (흥미)
광고를 클릭하거나 타인의 상품 후기를 찬찬히 읽음.

3단계
Search (검색)
상품명을 온라인 쇼핑에서 검색함.

4단계
Action (구매 행동)
상품을 결제하여 배송받음.

5단계
Share (공유)
상품을 사용한 본인의 느낌을 온라인 사이트에 올림.

▲ 인터넷이 등장한 뒤 소비자가 상품을 구매한 뒤 경험을 공유함으로써 재구매를 유도하는 새로운 구매 모델이 등장했다.

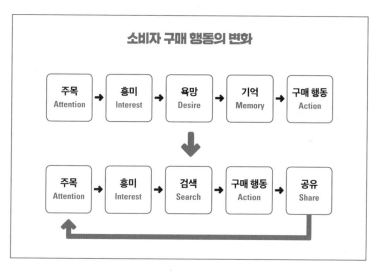

▲ 이전의 AIDMA 모델에서 현재의 AISAS 모델로 진화한 모습이다.

이제는 **고객이 남기는 상품 후기가 다른 고객의 구매도 큰 영향을 미치는 중요한 요소**이기에 많은 온라인 쇼핑몰은 후기를 남기는 고객에게 적립금을 지급하기도 한다. 또한 고객의 소셜미디어 등에 상품이나 홍보 페이지를 공유하면 각종 혜택을 주기도 한다.

즉 현재의 소비자 행동 패턴에 적합한 각 단계별 마케팅 활동을 정리하면 다음과 같다. 이때 **고객의 구매 행동이 모두 유기적으로 연결**되어야 하며, 이 가운데 한두 가지의 요소만으로는 단기적인 판촉에 머물게 된다.

1단계
Attention (주목)
각종 광고와 제휴 채널 등으로 표적화하고
다양한 접근 경로를 활용해 상품을 인식시킴.

2단계
Interest (흥미)
홍보 활동과 타겟 마케팅으로 고객의 관심을 유도함.

3단계
Search (검색)
키워드 광고, 검색창 광고, 가격 비교 등
검색과 비교에서 우위를 갖게 조정함.

4단계
Action (구매 행동)
당일 배송, 할인 쿠폰, 적립금, 간편 결제 등
구매 과정에 편의성을 제공하여 결제에 이르게 함.

5단계
Share (공유)
상품 후기, 블로그, 소셜미디어 등을 통해 소비
경험을 공유하도록 해서서로 연결된 관계로 묶는다.

▲ AISAS 모델을 최근 온라인쇼핑몰 환경에 도입시키면 마케터가 해야 할 일을 이렇게 정리할 수 있다.

고객에게 부탁하면 이루어진다

대부분의 전자상거래 사이트 최상단부에는 '검색창'이 있다. 그 이유는 사이트에서 검색창의 사용 현황을 분석해보면 방문자 가운데 상당수가 검색창에 상품을 검색해서 바로 이동하기 때문이다. 그런데 상품 페이지로 들어온다는 것은 직전에 외부의 포털 사이트나 오픈 마켓에서 검색해서 나온 가격 비교 결과나 키워드 광고를 통해 유입되었음을 의미한다. 즉 이미 전 단계에서부터 검색 활동을 했다는 이야기다. 따라서 쇼핑몰은 어디서부터 마케팅을 시작할 것인지부터 정해야 한다.

한때 업체들은 방송이나 신문 광고 안에 '검색창 광고'를 사용하는 것이 유행하기도 했다. 예를 들면 신문이나 잡지, TV 광고의 하단에 특정 온라인 쇼핑몰이나 포털 사이트의 검색창 이미지를 삽입하고 "네이버에서 OOO을 검색하세요." 같은 광고 문구를 제시했다. 요즘에는 이 형태의 광고를 자주 사용하지 않는데, 그 이유는 보통 상품을 제조한 업체가 특정 쇼핑몰이나 포털 사이트에서 검색하라고 하면 바로 다음 날 경쟁 사이트에서 불만을 제기하는 일이 많았기 때문이다. 그렇다 보니 아예 한 광고에 여러 사이트의 검색창 광고를 한꺼번에 디자인해야 하는 경우도 생기면서 지금은 특별히 전략적인 제휴에만 사용하는 추세다.

여기서 중요한 점은 각종 마케팅 자료에 따르면 '클릭하세요', '검색하세요', '지금 바로 구매하세요'와 같이 소비자의 행위를 요청하는 광고 문구를 넣었을 때 실제로 고객은 그러한 행동을 해 준다는 것이다. 하단의 도표를 보면 예스24에서 빠른 배송을 얼른 경험해보라는 내용을 담은 '총알 배송'의 라디오 광고를 집행했을 때 광고 노출량과 검색량의 증감이 거의 정확히 일치했다.

광고를 통해 원하는 방향을 부탁하면 고객들은 기꺼이 검색하고 특정 사이트로 방문한다. 짧은 광고에 많은 이야기와 정보를 담으려고 큰 비용을 지출하거나 고민하기보다는 **소비자에게 도**

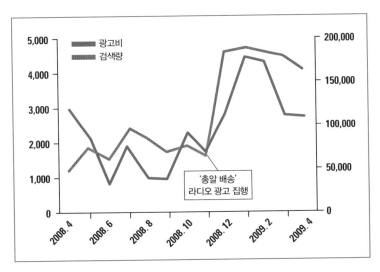

▲ 2008년 11월 예스24에서 '총알 배송' 라디오 광고를 집행했을 때 검색량이 기하급수적으로 상승한 모습을 볼 수 있다.

움을 구하고 본연의 서비스에 더 집중한다면 더욱 효율적인 마케팅 구조가 만들어질 것이다.

과거 온라인쇼핑몰들이 한창 성장세를 달릴 무렵 중요한 문제가 생겼다. 바로 상품의 후기였다. 당시에 많은 온오프라인 서점도 책을 추천할 때 주로 사용하던 자료가 주요 언론사들의 서평 기사였다. 출판전문기자들의 서평 기사는 독자들이 그 책을 선택하는 주요한 요소가 되었다. 그런데 저작권이 강화되면서 그 기사를 계속 사용하려면 적지 않은 비용을 내거나 기사 제목만을 노출하고, 더 읽으려면 해당 언론사 사이트를 아웃링크Out link로 보내야 했다. 그러나 도서마다 여러 개의 서평 기사를 다 게재하거나 그중에 몇 개의 기사만을 골라서 유료로 올리는 것 모두가 쉬운 일이 아니었다. 온라인쇼핑몰 특성상 상품 소개 화면까지 도달한 고객을 중간에 외부 링크로 보내는 것은 구매 과정에 방해가 되기 때문에 더더욱 힘든 조건이었다.

이때 생각해낸 방법이 바로 고객들에게 직접 상품 후기를 올려달라고 도움을 청하자는 것이었다. 지금은 별 이슈가 아닐 수 있지만, 당시에는 정말 많은 고민과 논쟁이 있었다. 독자들이 본인의 독후감을 공개된 공간에 올릴지, 이렇게 올라온 상품 후기가 전문가들의 서평에 비해 어느 정도의 수준으로 유지될 것인지 등

등 부정적인 시선이 많았다. 고객의 상품 후기서비스를 시작하기 전까지 후기를 올리면 적립금을 지급하거나 우수 서평을 선정하여 추가 혜택을 제공하여 어느 정도의 수준과 양을 유도해야 한다는 등 서비스를 유지하기 위한 방안을 깊이 논의했다. 이후에도 많은 걱정과 논의가 있었지만, 결과적으로는 이 모두가 기우였다.

독자들은 적립금 여부와 상관없이 생생하면서도 상당한 수준의 수많은 서평을 올리기 시작했고, 고객들도 직접 읽고 쓴 독자들의 후기에 공감하면서 해당 책을 구매하는 데 많은 도움을 받았다고 한다. 또한 수많은 서평이 빠르게 등록되면서 사전에 모니터링하는 것도 쉽지 않은 일이 되었고, 이제는 독자 서평에 대한 간단한 필터링만 거쳐서 실시간으로 게재되고 있다. 이제는 독자도 서평을 올리는 것까지를 책 구매 과정의 하나로 인식하는 것 같다. 결과적으로, 소비자와 동업함으로써 광고 제작이나 콘텐츠 생성에 투입되는 비용에 대한 부담은 줄이고 더 나아가 이전보다 더 풍성한 콘텐츠를 제공할 수 있게 되었다.

MARKET
FLYWHEEL

나만의
마켓 플라이휠을
만들어라

마케팅 구조는 소비자가 만든다

요즘은 인터넷 사이트를 보면 공유하기, 해시태그 등의 기능을 쉽게 찾을 수 있다. 이때 이 행동의 주체는 판매자나 쇼핑몰이 아니라 바로 소비자다. 따라서 소비자의 역할에 관한 관점을 바꾸어야 하는데, 일반적인 거래 관계가 판매자(생산자)와 구매자(고객)로 이루어진다면 인터넷상에서는 판매자와 고객, 그리고 사용자로 봐야 한다.

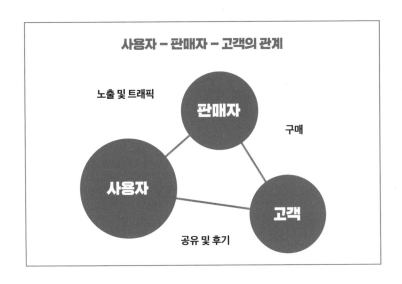

사용자 - 판매자 - 고객의 관계

노출 및 트래픽

판매자

구매

사용자

고객

공유 및 후기

사용자는 일반적인 고객의 역할보다 더 적극적인 구매 행동을 보이는 소비자다. 온라인 쇼핑몰에서 상품 소개와 사용 후기를 꼼꼼히 읽고 근처 매장에 가서 구매하는 소비자, 반대로 본인이 상품 소개나 사용 후기를 소셜미디어에 올려 다른 소비자의 구매에 도움을 주는 소비자 등등 다양하고 능동적인 구매 행동을 보이는 소비자는 '사용자'가 된다. 이들은 마케터의 역할을 하며 마케팅 비용을 절감해주기도 한다. 상품에 관심이 많은 소비자가 자발적으로 만드는 다양한 콘텐츠는 기업의 경쟁력을 높이는 역할을 하며 대규모의 협업도 가능하다.

'소비자consumer'란 고객customer과
사용자user를 함께 이르는 말이다.

소비자가 무한 동력이 되어
앞으로 굴러간다

고객 경험과 회사 성장의 연결을 강조하는 아마존의 성장 동력
으로 유명한 전략이 바로 플라이휠Fly Wheel이다. '플라이휠'은 떠
있는 바퀴라는 뜻으로, 외부의 힘이나 동력이 아니라 관성에 의해
서 스스로 돌아가는 바퀴를 의미한다. 아마존은 처음에 낮은 가격
으로 고객들의 인터넷쇼핑 경험을 유도하면서 트래픽이 증가했
다. 그러면 트래픽이 많은 곳에는 판매자가 모여들고 이에 따라
상품군이 더 다양해져 다시금 고객 경험(소비)이 더 늘어난다. 또
고객 경험이 늘어나면 각종 유통비용이 낮아지며 더 낮은 가격을
제시할 수 있게 되고, 이는 다시금 트래픽을 더 크게 늘리는 선순
환구조의 관성을 지니게 된다.

아마존 플라이휠

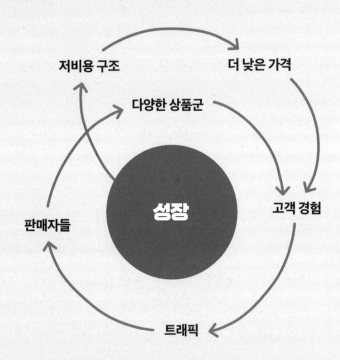

저비용 구조

더 낮은 가격

다양한 상품군

성장

고객 경험

판매자들

트래픽

▲ 아마존은 낮은 가격으로 트래픽을 늘리고, 그 트래픽을 이용해 더 낮은 가격을 제시하는 플라이휠로 성장의 선순환 구조를 만들었다.

과거 예스24에서도 고객과의 동업을 위해 플라이휠 전략을 활용했다. 콘텐츠를 생산하는 구조는 4가지로 구분하는데 온라인에서 ① 웹진(채널예스)이나 기획전(올해의 책)을 통해 쇼핑몰이 직접 콘텐츠를 생산하고 → ② 소비자가 참여할 수 있는 행사(작가와의 만남)를 개최하여 자발적인 콘텐츠 생산을 지원하면 → ③ 소비자는 기꺼이 참여 후기나 콘텐츠를 포털 사이트와 소셜미디어에 공유하여 확산시킨다. → ④ 구매한 고객들의 이용 후기 등을 접수받아 쇼핑몰에 게재하여 **콘텐츠를 보강하는 순환 과정을 거치면서 쇼핑몰은 소비자와의 관계도 강화**한다.

스타벅스의 모바일앱 또한 소비자의 경험을 중심으로 한 플라이휠 전략을 활용한다. 앞서 언택트 마케팅의 사례로 언급했듯이 스타벅스 앱 사용자가 비대면으로 직접 주문함으로써 업체는 주문받는 데 필요한 인력을 줄이고 음료를 만드는 데 집중하여 고객이 제품을 기다리는 시간을 줄일 수 있다.

더 나아가 스타벅스 앱 사용자는 개인 맞춤형 서비스를 이용하면서 더 큰 즐거움을 경험하기 위해 기꺼이 유료 옵션을 추가한다. 그 결과 스타벅스 입장에서는 비용 절감과 함께 추가 수익도 발생한다. 또한 스타벅스 카드로 결제하면 유료 옵션의 할인 혜택을 제공하고 카드 충전을 유도하는데, 이 덕분에 결제 수수료도

예스24 콘텐츠 플라이휠

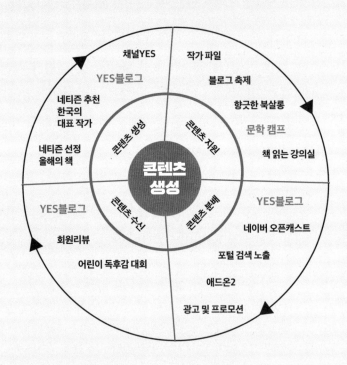

채널YES
YES블로그
네티즌 추천
한국의
대표 작가
네티즌 선정
올해의 책

작가 파일
블로그 축제
향긋한 북살롱
문학 캠프
책 읽는 강의실

콘텐츠 생성
콘텐츠 지원
콘텐츠 생성
콘텐츠 수신
콘텐츠 분배

YES블로그
회원리뷰
어린이 독후감 대회

YES블로그
네이버 오픈캐스트
포털 검색 노출
애드온2
광고 및 프로모션

▲ 국내 사정에 맞게 발전시킨 예스24의 플라이휠 모습이다.

아끼고 금융 이자수익도 생기며 고객이 고착되는 효과까지 발생한다. 이를 스타벅스는 '디지털 플라이휠' 전략이라고 부른다. 고객이 모바일앱으로 직접 주문하면 스타벅스는 이에 따른 보상과 개인화 서비스를 제공하여 고객의 경험을 높이는 것이다. 그리고 이런 과정은 **충성 고객을 확보하고 지속적인 구매를 유도하여 끊임없는 고객 경험을 유발**시킨다. 물론 일반적으로 오프라인 매장에서는 이런 데이터를 확보하기가 어렵다. 그러나 모바일앱을 통해서는 고객별 성향이나 단골 매장, 방문 빈도 등 **빅데이터가 계속 쌓이면서 지속적으로 서비스를 정교하게 발전**시킬 수 있다.

▲ 스타벅스는 고객의 참여가 곧바로 보상으로 이어지는 구조를 만들어 충성 고객을 확보했다.

소비자의
긴 꼬리를
잡아라

MARKET
FLYWHEEL

히트 상품의 역설,
팔고도 남는 게 없다?

흔히 '베스트셀러'라고 하면 많이 팔리거나 전략적으로 마케팅을 집중하는 상품을 떠올린다. 그런데 과연 베스트셀러가 판매자에게도 좋은 것일까? 가격이 비싸고 이익이 높은 상품이 많이 판매된다면 좋겠지만 소비자들의 생각은 다르다. 가성비(가격 대비 성능의 비율) 및 가심비(가격 대비 심리적 만족의 비율)까지 등장하며 낮은 가격에 높은 성능의 제품을 구매하려는 것이 합리적인 구매 심리다. 소비자와 판매자 모두에게 베스트셀러를 만들려면 어떻게 해야 할까?

요즘의 소비자는 인터넷을 통해 많은 정보를 제공받고 클릭 한 번으로 원하는 쇼핑몰로 쉽게 발걸음을 옮길 수 있기에 이전처럼 판매자가 원하는 가격을 계속 고수하기가 어렵다. 또한 할인 행사를 진행해도 매출이 늘어나는 것은 잠시일 뿐, 경쟁 업체가 바로 비슷한 가격으로 판촉 행사를 진행하면 매출은 다시 원상태로 줄고 할인 비용은 계속 나가게 되어 오히려 적자를 볼 수도 있다.

이때 상위 고객 20%가 전체 매출의 80%를 점유하는 현상인 '파레토 법칙Parato' Low'을 참고할 수 있다. 전체 판매량의 80%를 20%의 고객이 주문한다는 뜻이므로 이는 곧 그 고객들이 베스트셀러뿐만 아니라 다양한 상품을 구매했음을 의미한다. 경쟁이 심한 상품도 구매하겠지만 경쟁이 심하지 않아 적정한 이윤을 지닌 상품도 판매되기에 전체적으로 수익성을 확보하게 된다. 이에 따라 쇼핑몰들은 비경쟁 상품을 어떻게 더 판매할지를 고민해야 하는데, 이때 파레토 법칙과 반대되는 롱테일Long tail 법칙을 고려해야 한다.

롱테일 현상은 앞서 파레토 법칙에서 긴 꼬리가 되는 80%의 부분을 일컫는 것으로, 긴 꼬리의 상품은 판매 수량이 적지만 광고

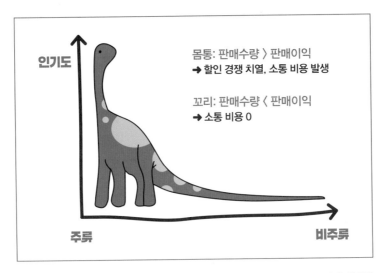

인기도

몸통: 판매수량 〉 판매이익
➡ 할인 경쟁 치열, 소통 비용 발생

꼬리: 판매수량 〈 판매이익
➡ 소통 비용 0

주류   비주류

▲ 경쟁이 심한 몸통 부분보다 꼬리 부분에서 오히려 판매 이익이 증가하는 모습을 확인할 수 있다.

나 판촉 행사 등과 같은 소통 비용이 적다 보니 판매 이익이 상대적으로 높게 나타난다. 반면 몸통Body에 위치한 상품은 주로 잘 팔리는 베스트셀러나 새로 출시된 상품들로, 광고와 판촉 행사 등이 집중되면서 높은 판매량을 보이지만 이내 경쟁이 심해지면서 판매량을 유지하기 위한 소통 비용과 할인 비용이 늘어나 판매 이익은 오히려 낮아진다.

게다가 이제는 소비자가 상품에 접근하는 방식도 기존의 웹사이트에서 웹페이지로 바뀌고 있다. 과거에는 쇼핑몰의 첫 화면에서 원하는 상품을 검색하고 상품 소개 화면으로 가서 상품의 정보를 확인한 뒤 구매에 이르기 때문에 첫 화면에 노출된 상품으로 주문이 집중되었다. 반면 요즘은 포털 사이트에서 해당 상품을 검색하고 지인의 소셜미디어로 접하거나 앱 푸시로 받은 상품의 링크를 통해 쇼핑몰의 첫 화면이 아니라 특정 상품의 소개 화면으로 바로 들어오는 '딥 링크Deep link'의 비중이 대략 30% 이상으로 높아졌다. 이에 따라 판매되는 **상품의 종수가 늘어나고 개인별 추천 서비스가 발달하며 그 꼬리가 점점 길어지고 있다.**

이제 마케터들은 고객들이 어디서부터 유입되어 상품 화면으로 들어오는지를 모니터링해서 해당 유입 경로를 중심으로 마케팅 활동을 진행해야 한다. 또한 어떤 키워드를 통해 들어오는지도 분석하여 '인기 검색어'와 함께 노출하거나 해당 상품의 소개 화면에서 함께 구매할만한 추천 상품이나 베스트셀러를 같이 노출하여 객단가를 올리거나 매출과 수익을 늘리기 위해 노력해야 한다.

2016년에 '씽크 유저 프로젝트Think user project'를 진행했는데, 이는 소비자가 실제로 어디서 유입되어 방문하며 다음에는 어디로 이동하는지, 어떤 기능을 주로 사용하는지를 알기 위해 세 가지 방식을 활용했다. 센서를 통해 시선이나 움직임을 추적하는 '아이 트랙킹Eye tracking', 선발된 소비자들이 사전에 정해준 목록을 쇼핑하는 과정을 관찰하여 기록하는 '쇼핑 모니터링', '웹로그 분석Weblog analysis'이다. 이를 통해 이전에는 미처 예상하지 못했던 소비자의 움직임에 맞춰서 이벤트 페이지나 버튼 위치를 변경하여 마케팅의 집중도를 높이기 위해 노력했다. 외부에서 다양한 상품 페이지로 유입된 소비자들이 중간에 이탈하지 않고 쉽게 결제 단계까지 도달하게 하는 데도 많은 신경을 썼다. 이를 통해 고객들의 롱테일을 만들어낼 수 있기 때문이다.

판매 비중의 80%인 비경쟁 상품은 광고 비용이 적게 들기 때문에 판매 수익이 더 높다고 할 수 있다. 일정 규모의 상품 종수와 많은 판매량을 보이는 인터넷 서점을 예로 든다면 출간된 지 1년 이상 된 책이나 스테디셀러 등의 도서 판매 비중이 무려 40%가 넘는다. 이러한 비중이 더 높아진다면 앞으로 온라인 쇼핑몰은 **마켓이 아니라 플랫폼의 역할로 바뀔 수도** 있으리라 전망한다.

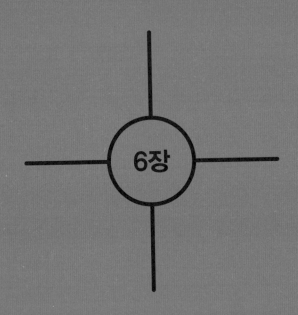

6장

마켓 5P

진화하는 동업 전략

The basic of marketer

결국은
기본을 고민하는
마케터가 이긴다

MARKET
5P

누구에게 어떻게 팔 것인지가
시장을 만든다

상거래가 발달함에 따라 고객과의 동업도 다양한 형태로 진화
한다. 또한 그 과정에서 늘 우선시되는 것은 소비자의 경험과 혜
택이며, 상거래가 더욱 고도화하면서 그 형태가 점점 더 개인화되
고 강조된다. 이제는 가격Price, 제품Product, 유통Place, 판촉Promo-
tion이라는 마케팅 4P 전략이 아니라 소비자인 사람People을 추가
한 '5P' 전략을 중심으로 고민해야 한다.

이커머스 단계별 형태와 전략

구분	마켓 형태	동업 방향	고객 혜택
이커머스 1.0	온라인 쇼핑	검색, 콘텐츠 제공	합리적 소비, 편리함
이커머스 2.0	모바일 쇼핑	셀프 주문, 공유	혜택 증가, 경험(재미)
이커머스 3.0	신기술(AI, IoT) 융합	빅데이터 제공	개인화, AI 추천, 온디맨드 서비스

이커머스 1.0 단계는 PC를 기반으로 한 온라인 쇼핑이 등장하여 판매자에게는 개방, 소비자에게는 참여가 이루어진 모습이었다. 2.0 단계에서는 스마트폰을 활용한 모바일 쇼핑으로 소비자는 더욱 편리하게 주문하고 상품을 공유할 수 있게 되었다. 마지막 3.0 단계에서는 소비자에게 얻은 빅데이터를 활용한 인공지능과 사물인터넷을 통해 일상생활에서 즉시 상거래가 이루어진다. 각 단계를 거치며 기술이 발달하고 마켓 형태가 변화함에 따라 기존의 소비자와의 동업이 유지되고 새로운 동업 방식이 더해진다.

이때 시대의 흐름이 변해도 판매할 상품이 생기면 가장 먼저 고민하는 것이 가격을 정하는 일이다. 상품이 유통되는 단계, 판매자, 판매 시점에 따라 정가, 권장소비자가, 판매가, 도매가, 이벤트가 등등 가격은 다양한 이름으로 움직인다. **상거래에서는 소비**

자에게 제시할 판매가를 정하여 상품을 교환하는 행위가 마케팅의 시작이다. 제조원가나 공급받은 가격에 본인이 원하는 이익을 마음대로 더할 수는 없는데, 시장의 경쟁 상황과 소비자의 지급 의향, 유통비용 등을 고민해야 하기 때문이다.

Market Mind 16	판매 가격 = 상품 원가 + 상품의 경쟁 환경 + 고객의 지급 의향

판매 이익을 극대화하기 위한 가장 쉬운 방법은 판매 가격을 올리는 것이고, 판매 가격을 낮추려면 판매 이익을 줄이거나 판매 원가를 낮춰야 한다. 새롭게 진입하거나 경쟁이 치열한 시장에서 경쟁력 있는 가격을 제시하려면 판매자는 우선 판매 이익을 줄이는 방식으로 경쟁하게 된다. 그러나 판매량이 커지면 대량으로 매입 및 제조하여 원가를 낮추고 경쟁할 수 있으니 가격이 가장 중요한 전략이다.

생산자와
소비자가
모두 만족하는
가격전략

MARKET
5P

가격도 맞춤 제공하는 시대

가격전략에는 대표적으로 '스키밍 가격전략'과 '침투 가격전략' 방식이 주로 사용된다. 그러나 이제부터는 '다이내믹 가격전략'에 주목해야 한다.

1. 스키밍 가격전략 Skimming pricing strategy

새로운 시장을 형성하거나 경쟁이 없는 단계에 사용하는 가격전략이다. 새로운 제품이나 서비스의 출시에 맞춰 **높은 가격으로 시작하다가 경쟁사와 유사 상품의 등장으로 인해 경쟁이 증가하면 가격을 낮춰가며 시장점유율을 방어하는 전략**이다.

이 전략은 IT 제품들에서 흔히 볼 수 있다. 예를 들어 애플의 아이패드는 2010년에 출시했을 당시 699달러라는 높은 판매 가격으로 시장에 등장했지만 국내외로 유사 제품들이 시장에 진입하자 가격을 낮추기 시작했다. 게다가 경쟁이 더 가열되면서 이제는 제조 원가를 낮추기 위해 제품군을 구분했다. 기존의 제품은 보급형 사양으로 329달러까지 낮춰 판매하고, 고급형 제품을 출시하여 더 넓은 화면과 높은 사양에도 649달러로 판매했는데, 이는 곧 기술의 발달에 따른 제품 전략으로 볼 수도 있지만 시장의 흐름을 고려한 가격전략으로 보는 게 더 적절해 보인다.

2. 침투 가격전략 Penetration pricing strategy

경쟁 제품보다 **낮은 가격을 제시하여 시장 점유율을 높인 다음 어느 정도 시장을 장악하면 서서히 가격을 높이는 전략**이다. '침투'라는 단어에서 느껴지듯 낮게 숙이고 깊숙이 들어가는 방식으로, 이미 경쟁이 치열하거나 고객에게 낯선 제품을 선보이며 수요가 적을 것으로 판단되는 경우에 활용한다.

우선 낮은 가격으로 진입하여 가격경쟁력을 지니며 시장점유율을 높인 뒤 서서히 가격을 올려서 합리적인 수준의 수익을 만든다. 과거 국내의 자동차 및 가전업체들이 해외에 진출할 때 저가 제품으로 시장에 침투하는 모습을 보였다. 우리 제품은 품질이 낮은 게 아니라 브랜드가 낯설기 때문에 고객의 경험을 유도하기 위해서 가격을 낮추며 빠르게 시장을 진입했다.

1996년 6월에 국내 최초의 인터넷쇼핑몰 인터파크가 개업할 당시에는 인터넷으로 상품을 구매하는 행위는 소비자들에게 매우 낯선 경험이자 모험이었다. 모험에는 대가가 따라야 하는데, 당

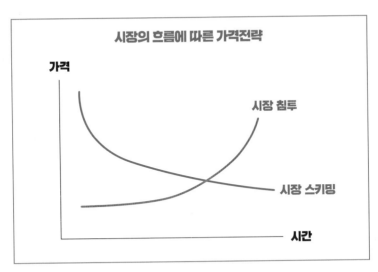

▲ 후발주자의 경우 처음에는 낮은 가격을 통해 시장 점유율을 높인 뒤 가격 인상으로 수익률을 높이는 전략이 필요하다.

시 인터넷쇼핑몰들은 가격 할인을 대가로 제공했다. 특히 전자상거래는 기존의 오프라인 매장 중심의 판매에 비해 매장에 들어가는 임대료나 인건비 등 유통비용을 크게 절감하면서 기존의 할인 범위를 뛰어넘는 마케팅이 가능했다.

　이렇듯 가격전략은 시장 환경에 따라 다르게 나타날 수 있다. 개인적인 견해로는 독창적인 상품을 시장에 내놓을 때는 스키밍 가격전략으로 높은 수익을 창출한 뒤 박리다매로 기업을 유지하는 방법이 좀 더 나아 보인다. 그러나 현실에서는 스키밍 가격전략보다는 침투 가격전략을 활용하는 경우가 많은데, 여기서 고민할 요소는 합리적인 가격 수준과 할인 방식이다. 초기 전자상거래에서 과도한 할인 비용이 시장의 빠른 성장 속도와 맞물리면서 가격을 조정할 새도 없이 늘어나는 비용을 감당하지 못하고 시장의 뒤안길로 사라진 벤처기업이 많았다.

3. 다이내믹 가격전략 Dynamic pricing strategy

　앞서 살펴본 전통적인 가격전략들은 주로 유통과 시장의 경쟁 정도에 따른 전략이었다면 요즘의 상거래 기술 발달과 소비 패턴의 변화에 어울리는 가격전략은 무엇일까? 앞에서 언급했듯이 이제는 고객들에게 제공받는 빅데이터를 통해 개인 맞춤형 추천과 구매 형태를 분석한 예측 배송이 가능한 시대다. 이에 따라 **상품의 가격도 개인화되고 실시간 수요와 공급에 따라 수시로 바뀌는 다이내믹 가격전략을 활용**해야 한다.

<table>
<tr><td>Market
Mind
17</td><td>미래의 가격은 빅데이터를 통해
실시간으로 개인화된다.</td></tr>
</table>

기존에는 불특정 다수를 대상으로 광고하고 좋은 매대에 진열하기 위한 유통비용까지 가격에 포함되어 제품을 늘 구매해왔던 고객과 충동적으로 구매하는 고객이 같은 가격으로 구매해야 했다. 이제는 제품이 필요하거나 필요할 것으로 예측되는 고객에게 직접 연결하고 예측 배송 등으로 유통비용이 절감되면서 그만큼 할인된 가격으로 판매할 수 있게 되리라 전망한다. 이는 구독 서비스, 추천, 쇼핑 챗봇, 음성 쇼핑 등과 연동되면 그 효과가 더욱 커진다. 가령 육아용품의 경우 "고객님, 사랑스러운 아기의 기저귀와 분유가 다 떨어져 갑니다. 지금 주문하시면 기존 가격에 10% 추가 할인된 가격에 사실 수 있습니다. 주문할까요?"라고 쇼핑 비서가 알려줄 것이다.

다이내믹 가격전략의 하나로 2014년 인터파크에서 시도한 서비스가 바로 '톡집사'와 '다이내믹 프라이스'다. 이는 고객들이 실시간으로 가격을 직접 정하고 선택할 수 있는 새로운 경험을 제공하고자 한 서비스다.

먼저 톡집사는 소비자가 쇼핑 챗봇과 대화하는 형식으로 상품과 관련한 각종 문의 사항을 상담할 수 있는 서비스다. 이 서비스의 가장 큰 특징은 고객을 대신해서 상품의 최저가를 검색해준다는 점으로, 고객이 '깎아줘요'라고 이야기하면 상품의 인터넷 최저가를 실시간으로 검색하여 그 가격에 인터파크에서 구매할 수

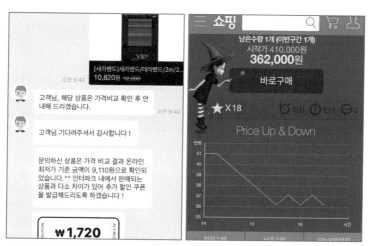

▲ 빅데이터를 활용해 고객 개인이 합리적인 가격을 정하고 구매할 수 있도록 유도했던 인터파크의 전략은 아쉽게도 판매자들의 부담으로 오래 지속되지 못했다.

있도록 할인 쿠폰을 제공한다. 즉 고객의 구매 의사에 맞추어 원하는 가격으로 변동되거나 최저가로 구매할 수 있는 것이다.

한편 다이내믹 프라이스는 상품을 한정 수량으로 진행하면서 일정 시간 동안 구매가 없으면 가격은 하락하고 구매가 발생하면 가격이 다시 상승하는 방식의 서비스다. 즉, 수요에 따라 실시간으로 가격이 변동하는 것으로, **인터넷이 발달함에 따라 고정 가격이 지니는 의미가 적어질 수 있음**을 확인했다.

다만, 다이내믹 프라이스 서비스는 인기는 높았지만 실제로는 오래가지 못했다. 그 이유는 개인화된 가격이 아니라 공개된 변동 가격 방식 때문이다. 고객들이 주로 구매하는 가격과 차이가 발생하는 등 판매자들은 이중 가격에 따른 마케팅에 부담이 있었다고 한다. 그러나 이 서비스는 앞으로 쇼핑 챗봇이나 인공지능을 통한 추천, 예측 주문 등이 연계되어 개인화된다면 충분히 다시금 활용될 수 있는 전략이다.

할인의 개념을 바꿔라

MARKET
5P

할인에 대한 도전,
우회 할인

"고객에게 적립금은 할인이 아니라 사은품 개념이다.", "적립금 제도에 대한 반응이 긍정적일지라도 이에 수반하는 마케팅 비용을 감당하기 어려울 것이다." 등등 처음 적립금 제도를 도입하자고 의견을 제시했을 당시 주변의 반응은 싸늘했다. 당시에는 온라인으로 상품을 산다는 게 낯선 경험이었으며, 비대면 거래와 배송 소요 시간 등 온라인쇼핑이 지니는 불안감과 불편함으로 인해 오프라인 가격보다 20% 정도 할인 판매하는 경우가 일반적이었다. 그런데도 온라인시장의 성장세가 높지는 않았다. 이에 어느 정도의 혜택이 보장되어야 소비자들이 인터넷을 통한 상품 구매에 적극적일 수 있을지 고민하던 끝에 침투 가격전략의 일환으로 일명 '반값 행사'를 시행했다.

이 마케팅을 시행하는 데 문제 되는 것은 '비용'이었다. 어떻게 하면 행사 비용을 감당할 수 있을지 고민하다가 '우회 할인'을 떠올렸다. 기존처럼 30% 할인을 제공하되 그중 20%는 다음번 구매 때 현금처럼 사용할 수 있는 적립금으로 지급하는 방식이었다. 이에 우선 행사 기간만 진행하여 소비자의 반응을 살펴보기로 했다. 적립금은 행사가 끝난 뒤 한꺼번에 적립하는 방식이어서 나중에 적립금으로 재구매할 때 발생하는 매출 이익이 있으니 실제 비용 부담은 크지 않으리라 예상했다.

예를 들어 정가가 22,000원인 상품을 50% 할인 판매한다면 직접 할인(50% 할인+0% 적립금)의 매출은 11,000원, 할인 비용은 11,000원 발생한다. 우회 할인(25% 할인+25% 적립금)은 고객이 체감하는 할인 혜택은 11,000원 정도로 비슷하지만 매출은 16,500원이 되고 할인 비용 11,000원(직접 할인 5,500원+적립금 5,500원)이 발생한다. 게다가 이렇게 발생한 적립금 5,500원을 사용하여 상품을 재구매한다면 실제 외부로 지출되는 비용은 5,500원에 구매

원가율을 곱한 정도로 더 절감된다.

여기서 알아두어야 하는 점은 이렇게 고객에게 쌓아주는 적립금을 장래 일정한 조건이 발생했을 때 생기는 채무인 '우발채무' 명목으로 회계 비용에 미리 반영해두어야 한다는 것이다. 즉, 당장은 비용이 지출되지 않더라도 향후 발생이 예상되는 사항에 대해서는 미리 채무로 비용을 반영함으로써 더 정확한 정보를 제공해야 한다. 쇼핑몰의 입장에서는 적립금이 소멸하는 것보다 재구매하여 판매량이 늘어나는 것이 더 낫기 때문에 앱 푸시나 메일 등으로 적립금이 사라지기 전에 사용하라고 재촉한다. 이후에 적립금을 사용하여 상품을 구매하면 실제 사용액만큼을 판매 원가로 반영하고, 미리 회계에 반영해둔 우발채무액에서 줄인다.

결과적으로 이 우회 할인 행사는 일매출이 단 사흘 만에 7,000만 원에서 무려 6억 원에 육박하며 성공을 거두었다. 이는 곧 고객들이 적립금을 할인으로 인정했음을 뜻하며 이후 전자상거래 업계에 빠르게 확산되었고 이제는 아주 일반화된 가격할인 방식이 되었다.

최근에는 온라인쇼핑몰에서 신용카드사의 특정 카드로 구매하면 청구 할인을 해주거나, 간편 결제를 이용하여 결제 금액의 일부를 깎아주는 등 다양한 형태로 확대되었다. 이를 통해 **판매자는**

할인 효과를 높이는 대신 비용의 부담을 줄이고, 소비자는 경제적 혜택을 높이는 대신 사용의 기회를 다음 구매로 이월하여 서로 분담하게 하는 마케팅 전략이다.

우회 할인은 혜택을 높이는 대신
재구매를 약속받는 고객 동업이다.

이러한 성공은 두 가지 고민을 남겼다. 먼저 한 번의 마케팅으로도 엄청난 반향과 실적을 만들 수 있음을 증명했고, 이에 따라 디지털 마케팅을 담당하는 마케터에게는 결과 예측이 더욱 중요해졌다. 또한 마케팅이 성공하더라도 물류 시스템이 뒷받침되지 않으면 급증하는 판매량에 따른 배송 속도를 따라갈 수 없다는 문제점을 도출했다. 특히 이제 전자상거래에서 배송은 중요한 경쟁 요소 중 하나로 자리 잡았기에 좋은 마케팅으로 큰 반응을 얻었더라도 고객 경험에서 모든 것을 잃을 수 있음을 유의해야 한다.

한편, 우회 할인에서 더 나아가 선택의 재미를 부여한 '선택 할인' 방식이 있다. 이는 판매 가격으로 직접 할인가와 우회 할인가를 함께 표기하고 소비자가 직접 본인이 원하는 판매 가격을 선택해서 결제하는 방식이다. 예를 들면 100만 원짜리 노트북을 판매할 때 보통 20%를 할인한다면 아래와 같이 선택 할인을 제시한다.

직접 할인가: 80만 원
우회 할인가: 90만 원 + 적립금 15만 원

둘 중에 어떤 가격으로 구매하고 싶은가? 해당 쇼핑몰을 자주 이용하는 고객이라면 우회 할인가로 구매하는 것이 이득이다. 이렇듯 고객에게 선택의 기회와 혜택을 제공하면서도 쇼핑몰은 판매액을 늘리고 고객 유지도 가능해진다.

최저가는 보장이 아니라 보상이다

적립금이 할인으로 인식되자 많은 경쟁업체에서 적립금을 활용한 마케팅을 쏟아냈다. 당시 신생 쇼핑몰들은 서비스의 부족을 할인의 크기로 만회하고자 했고, 기존 업체들은 매일 주요 상품들의 가격을 확인하는 업무가 중요한 일이 되었다. 이때 만든 제도가 '온라인 최저가 보상제'다. '보장'과 '보상'은 우리말로는 비슷해 보이지만 완전히 다른 내용으로, 일종의 심리적 마케팅이 되기도 하다.

앞에서 이야기한 바와 같이 침투 가격전략은 시장점유율이 올라가면 합리적인 가격 수준으로 조정되어야 하는데, 전자상거래 특성상 시장에의 신규진입이 쉽다 보니 후발업체들의 가격전략이나 매일 등록되는 방대한 상품에 맞춰서 가격전략을 형성하는 데 어려움이 많았다. 그래서 **경쟁력이 서로 다른 업체에 맞춰 최저가격으로 수정하기보다는 경쟁업체가 우리보다 더 최저가일 때 차액을 적립금으로 보상하는 전략**을 도입했다. 이때 최저가를 비교하는 경쟁업체는 자사와 유사한 수준의 서비스를 제공하는 일부 업체로 한정지었다. 고객을 위한 서비스에 투자하기보다는 잠깐의 할인으로 고객을 유인하려는 후발업체를 견제하기 위함이며 소비자들의 합리적인 소비를 돕고자 했다.

이를 통해 고객은 최저가에 관한 고민을 해소하고 안심하며 구매할 수 있고, 비교대상에서 배제된 업체들은 실질적인 혜택이 적다고 자연스럽게 홍보된다. 이후에 대부분의 경쟁업체들도 온라인 최저가 보상제를 도입하며 서로 물고 물리게 되는 순환구조가 되었고, 어느 수준의 할인율로 수렴되면서 할인 경쟁에서 서비스 경쟁으로 바뀌는 계기가 되었다.

브랜드로
승부하라

MARKET
5P

모호한 브랜드가 더 오래간다

과거 전자상거래 초기에는 대부분의 업체가 본인들의 사업의 성격을 드러내는 도메인을 만들기 바빴다. 은행이면 'bank', 서점이면 'book', 의류업체면 'fashion' 등 보통명사를 활용해 아직 인터넷이 낯선 소비자에게 쉽게 다가가려고 노력했다. 그러나 현재의 대표적인 인터넷 사이트들은 아마존amazon.com, 네이버naver.com처럼 회사명을 그대로 브랜드 및 도메인으로 사용한다. 이처럼 브랜딩 추세가 달라진 이유는 무엇일까?

초창기 국내에는 인터넷서점만 120여 개가 넘었는데 그들의 이름을 보면 퀵북Quickbook, 북샵Bookshop, 북스포유Books4u 등 모든 도메인에 '북book'이 들어가 있어서 무슨 의미인지 바로 짐작할 수 있지만 지금은 이런 방식을 쉽게 찾아볼 수 없다. 현재 국내를 대표하는 인터넷서점들을 살펴보면 예스24YES24, 알라딘Aladdin, 인터파크 도서Interpark 등 도메인으로는 무엇을 판매하는 곳인지 바로 알기가 어렵다. 이들의 사이트에서는 도서뿐만 아니라 음반, 티켓, 화장품 등등 다양한 상품을 판매하고 있는데, 이 부분이 바로 브랜드와 관련 있다. 즉, 브랜드가 소비자에게 주는 기대치와 전자상거래의 빠른 확장 가능성 때문에 모호한 브랜드를 추구한다.

전자상거래에서는 **브랜드가 특정 이미지로 한정되면 연관 분야로 사업을 확장해나가는 데 장애가 되는 경우가 많다.** 즉, 경쟁업체와 구분되는 특색을 지니되 사업 영역을 특정하지 않는 브랜드여야 특유의 개성을 지니고 소비자의 기대감을 높이면서도 빠른 사업 확장에 적절하게 대처할 수 있다.

경쟁상품과 구별되고 법적으로 보호받기 위한 '상표'와 달리 '브랜드'는 고객들이 지니는 기대치와 이미지로, 이브랜드ebrand인 도메인에 따라 고객들의 반응도 다양하게 나타난다. 예를 들어 화장품 전문 쇼핑몰인 여인닷컴yeoin.com의 경우 여성분들은 가입하는 데 아무런 부담이 없겠지만 아마 남성분들은 가입하기가 다소 망설여질 것이다. 이렇듯 브랜드가 사이트의 성격을 명확히 규정하면 인지도는 쉽게 올릴 수 있지만, 고객층이나 다른 사업으로의 확장에는 제한이 있을 수 있다.

브랜딩과 유사한 사례를 책 제목에서도 찾아볼 수 있다. 아래의 표에서 알 수 있듯이 책 제목에 따라 소비자의 행동이 극명하게 나뉘어서 출판사에서는 깊이 고민하며 책 제목을 정한다.

예를 들면 앞 장의 표에서 『서른살 경제학』은 서른 살이 까마득

인터넷서점 예스24 판매 분석 자료

도서명	연령별 구매비율				
	10대	20대	30대	40대	50대
16살, 네 꿈이 평생을 결정한다	10%	7%	25%	53%	4%
여자의 모든 인생은 20대에 결정된다	8%	71%	11%	7%	2%
서른살 경제학	0%	37%	58%	4%	1%
마흔으로 산다는 것	7%	8%	39%	44%	1%

히 멀게 느껴질 10대 소비자는 아예 구매하지 않는다. 20대에 들어서면서 구매하기 시작하더니 구매자의 무려 58%가 30대에 집중되어 있다. 40대에 들어서면 '서른 살'과는 이미 거리감을 두어 굳이 구매할 매력을 잃어버리는 듯하다. 한편, 『여자의 모든 인생은 20대에 결정된다』는 20대 고객이 무려 71%다. 30대 이후로는 이미 20대를 지났으니 굳이 이 책을 사지 않는다. 고객들도 대부분 책 제목에서 언급된 '여성'이었다. 『16살, 네 꿈이 평생을 결정한다』는 고객층이 더욱 뚜렷했는데, 주로 30~40대의 부모님이 구매하여 자식들에게 읽히리라 예상할 수 있다. 이렇듯 제목만으로도 성별 및 연령별 구분이 명확해진다.

결과적으로, 전자상거래에서 다양하고 폭넓은 기능을 하는 브랜드는 명확성을 따르기보다는 다양한 의미와 비전을 담아낼 수 있는 모호성 또는 함의성의 방향이 더 효과적인 듯하다. 또한 이를 다양한 마케팅 장치를 활용하여 고객이 강하게 인지하도록 해야 시장에서 생존할 가능성을 높일 수 있다.

Market Mind 19

브랜드는 불리는 이름에서 그치지 않고
고객을 움직이게 하는 이끌림이 된다.

브랜드는 회사의 이름을
바꾸는 힘을 지닌다

　모호한 브랜드를 고객이 인지하도록 하려면 뚜렷한 목표 의식을 지니는 것이 중요하다. 오프라인 시장에서는 회사명과 별개로 모든 제품에 각각의 상표가 있어 경쟁 제품들과 구별되고 판매를 촉진하지만, **온라인 시장에서는 브랜드가 회사이고 서비스이며 제품**이다. 206쪽의 표는 초기의 브랜드에서 새로운 브랜드 및 기업명으로 바꾼 기업의 사례들을 정리한 것으로, 다른 분야로 사업을 확장하면서 모호한 브랜드로 바꾼 모습을 보인다.

　물론 기업마다 여러 이유로 기업명을 브랜드로 맞추기는 했겠지만, 도메인과 브랜드를 일치하는 것이 브랜딩에 더 효과적이라고 판단했음을 짐작할 수 있다. 이처럼 판매자들은 온라인 시장에서 클릭 한두 번으로 경쟁업체를 빠르게 넘나드는 고객에게 브랜드의 이미지를 더 각인할 수 있는 브랜드를 만들고자 늘 고민해야 한다.

브랜드 또는 기업명을 바꾼 사례

구분	도메인명	기업명
포털사이트/ 커뮤니티	Naver.com	NHN → 네이버㈜ (게임사업 분리)
	Hanmail.com—〉DAUM	㈜다음커뮤니케이션 → 카카오 (합병)
	Kakao	㈜카카오
쇼핑몰	Coupang.com	쿠팡㈜
	11st.co.kr	SK플래닛 → 11번가㈜ (법인 분리)
	Ssg.com	신세계 → ㈜에스에스지닷컴 (법인 분리)
	Lotte.com	㈜롯데닷컴 → 롯데쇼핑㈜ (합병)
	Interpark.com	㈜인터파크
	Yes24.com	예스24㈜

고객이 잘 읽어야 브랜드다

주요 기업들의 로고를 보면 그 회사의 브랜드 디자인이 저절로 읽히는 것을 알 수 있다. 브랜드명의 글자를 그대로 디자인화하여 상표처럼 구별도 되고 바로 읽을 수 있어서 소비자들이 도메인 창에 주소를 직접 입력하거나 검색창에서 해당 사이트명을 쉽게 검색할 수 있다.

또한 회사 로고에 그림을 활용하기도 하는데, 이는 그룹 브랜딩 차원이거나 눈에 잘 띄게 만듦으로써 매장 진열대에서 자신들의 제품이 더 쉽게 선택받기 위함이다. 특히 최근의 모바일 쇼핑에서

브랜드 디자인 사례

타이포그래피 형식		텍스트 모양으로 브랜드 인식률을 높임
메타포 형식		회사의 상징적인 이미지를 활용하여 제품의 식별력을 높임

▲ 브랜드를 한 번에 인식시키기 위한 기업들의 노력은 지금도 치열하게 이루어지고 있다.

는 PC가 아닌 앱을 중심으로 디자인하며 메타포 형식, 즉 아이콘이나 앱 이미지처럼 기능을 암시하는 디자인 방식이 클릭을 더 유도할 수 있다는 점에서 마케터들의 고민이 늘었다.

새롭게 출시한 신생기업의 앱이라면 서비스 내용을 직관적으로 알 수 있도록 기능적인 디자인도 좋지만, 기존에 많은 브랜드 충성도를 지닌 곳이라면 한 번에 어떤 회사의 앱인지를 인식할 수 있도록 색상이나 로고, 이니셜 등을 활용한 디자인 차별화를 위해 노력해야 한다.

결국, 이전의 브랜딩 활동은 쇼핑센터 매대에 진열된 여러 상품 가운데 고객에게 선택받는 것이 목표였다. 이에 따라 TV나 라디오, 신문 등과 같은 ATLAbove The Line 광고를 집행하는 활동이었다. 진열대에서도 눈에 잘 띄는 좋은 위치를 차지하기 위해 큰 비용을 지출해야 했다.

반면 이제 **온라인에서의 브랜딩은 간단하고 잘 읽히는 데 목적**을 둔다. 이를 통해 소비자들은 쇼핑몰 도메인 주소를 손쉽게 입력하여 방문하거나 검색하는 등 쇼핑몰에 접근하고 더 많은 정보를 제공받기가 편리해졌다. 즉, 회사는 마케팅 비용을 줄이고 소비자는 시간과 비용을 절감하는 '동업'이 이루어졌다.

규모가 아니라
범위다

▶
▷
▶

MARKET
5P

이제 소비자는 '많이'보다
'자주' 산다

인터넷 시대에서 판매자가 원하는 상품으로 판매를 집중시키는
데는 한계가 있다. 검색과 공유를 거치면서 다양한 키워드로 방문
하는 고객들은 대부분 어떤 상품을 구매할지를 미리 정해놓은 '목
적 구매자'일 확률이 높기 때문이다. 또한 인터넷으로 가격과 품
질, 병행수입 여부, 심지어 국내외 유사 제품 등 방대한 정보를 제
공받고, 순식간에 집까지 배송해주는 현재의 유통 방식에서 하나

의 제품을 대량으로 팔아내는 규모의 경제는 한계가 있다. 이제 마케터에게는 어떤 관점의 전환이 필요할까?

1. 대량이 아니라 다종의 시대다

인터파크는 도서에서 쇼핑, 티켓, 여행 상품 등으로 확장했고 예스24도 도서에서 음반, 패션, 티켓 등 문화상품으로 자연스럽게 확장했다. 이제는 포털사이트도 광고 판매에서 쇼핑에까지 이르며 서비스 영역을 빠르게 넓히고 있다. 과거에 많던 전문 쇼핑몰들이 사라지는 이유는 쇼핑몰이 제공하는 전문 콘텐츠가 소비자들이 자발적으로 생산하고 공유하는 콘텐츠를 따라가지 못했고, 서비스 면에서도 다른 혜택이나 전문성을 제공하는 데 실패했기 때문이다.

예로 들었던 인터파크나 예스24는 도서 전문 쇼핑몰로 시작했지만, 사업의 영역을 확장해나감에 따라 각 분야에 맞는 전문성을 갖추며 다양한 서비스를 선보였기에 성장할 수 있었다. 또한 상품마다 연결고리가 있다 보니 흥행에 성공한 영화가 있으면 원작 소설 판매가 많아지고 유럽 여행을 예매한 고객에게 해당 지역 여행 안내서를 추천하면 구매로 이어지는 등 교차 구매가 쉬워진 것도 연관 상품군으로 사업을 확장해나가는 데 도움이 되었다. 최근 포털사이트나 소셜커머스에서 도서나 티켓, 항공권 서비스까지 확장하는 이유가 이 맥락에 있으리라 짐작할 수 있다.

2. 가까운 곳부터 물들여라

연관 사업으로 서비스를 확장해나간다면, 고객이 가장 자주 방문하고 구매하는 상품을 시작점으로 하여 그 다음의 빈도를 보이는 상품을 추가해나가는 방식이 일반적이다. 또한 고객층이 유사하거나 원소스 멀티유즈OSMU 및 연계 판매가 가능한 상품과 서비스로 확장하는 것이 바람직하다.

범위의 경제는 문어발식 확장과는 다르다. 초기에는 차별화된 상품 구색으로 방문자와 브랜드 충성도를 높인 뒤 상품군 확대를 통해 객단가 상승 및 롱테일로 판매와 수익을 증가시키고 물류 및 서비스, 시스템 등에 투자하여 생산성을 높이며 원가를 절감한다. 그리고 이러한 상품과 배송 서비스를 통해 고객 경험을 증가시켜 다시금 브랜드 충성을 높이는 관점으로 봐야 한다.

베스트셀러는 많이 팔리는 제품이 아니라
잘 팔리는 구조다.

늘 명심해야 할 점은 시장을 주도하기 위한 마케팅은 업체만의 브랜드나 능력만으로는 어려우며 타사와의 제휴로도 부족하다는 것이다. 소비자가 자주 찾는 상품을 만든다는 것은 곧 소비자의 마음을 얻는 것과 같은 말이다. 따라서 소비자의 도움을 받으며 그들에게 더 많은 혜택을 주고, 더 나아가 다양한 데이터를 통해서 소비자의 마음을 이해하여 마음을 얻는 과정이 이루어져야 한다.

시장의 흐름을
주도하라

MARKET
5P

기술의 속도를 앞서는
마케터의 생각법

마케팅의 본질은 시장 안에서 상품을 더 많이 팔아내는 것만이 아니라 시장을 변화시키거나 그 변화의 속도를 조절하는 것이다. 본인의 생각과 아이디어로 수많은 소비자의 좋은 반응을 얻거나 시장을 발전해나가기 위해서는 소비자를 이해하고 그들의 역할을 올바르게 이해해야 한다.

IT기술의 발달로 급격하게 변화하는 시장에서 소비자의 마음은 데이터화되고 개인화된다. 따라서 이 시대를 살아가는 마케터라면 먼저 어떠한 시장에서 경쟁할지를 명확히 하고, 경쟁하는 데 필요한 데이터 항목을 정리해야 한다. 그리고 해당 데이터를 얻기 위한 노력(1차 마케팅)을 한 뒤 수집된 데이터를 분석하여 올바른 의사결정을 내려야 한다. 이에 따라 분석한 데이터를 바탕으로 제품 전략, 유통 전략, 서비스 전략(2차 마케팅) 등을 수립할 줄 알아야 한다.

마케터는 기본적으로 마케팅 이론뿐 아니라 IT 지식과 회계 상식에도 관심을 두고 익혀야 한다. IT 지식은 마케터의 기술력이 되어 서비스의 혁신을 이끌고 마케팅을 효율적으로 수행할 수 있게 하며, 생산성 및 수익성 개선에 매우 중요한 요소가 된다. 또한 온오프라인 경계가 허물어지면서 시장을 변화시키는 데 많은 투자와 비용이 요구된다. 이때 시대의 흐름에 맞는 회계 상식을 갖추고 있어야만 본인의 생각을 구체적인 마케팅 전략으로 구현해내는 데 도움이 된다. 상황에 맞는 적절한 가격전략, 매출 및 손익 변화 등 마케팅 과정은 여러 회계 자료가 연결되어 있기 때문이다.

이렇듯 이제는 소비자를 이해하려는 마음과 관련 지식을 갖추어 마케팅의 속도를 높여야 한다. 이를 통해 **시장의 속도에 뒤처**

지지 않고 변화의 흐름을 주도하며 본인만의 속도와 방향을 만들어내기를 바란다.

자동차는
성능보다 운전 능력이다

. . .

소비자와 함께하는 마케터가
내일을 이끈다

전자상거래가 시작한 이래로 마케터는 늘 소비자와 소통하며 도움받아 왔으며, 이를 통해 비용을 절감하고 경쟁력을 높일 수 있었다. 이제 대부분의 상거래가 모바일과 플랫폼화되면서 소비자의 모든 활동이 자연스레 동업의 모습을 띠고 있으며, 이러한 동업은 일상적인 풍경이 되었다. TV에는 시청자가 직접 참여하는 리얼리티 프로그램이 넘쳐나고 유튜브에는 주변의 다양한 일상을 담은 콘텐츠가 매일 올라온다. 각종 소셜미디어에는 일반인이 올린 사진과 글이 넘쳐나며 또 다른 개인은 그것을 소비한다. 이렇듯 생산자와 소비자의 경계가 허물어지며 모두의 참여와 공유를 통해 기업은 성장해나가고, 얼마나 더 많은 사람이 쉽고 즐겁게 참여할 수 있는 콘텐츠를 만드는가가 기업의 성패를 좌우한다.

다니던 회사를 나와서 서울 강남의 작은 오피스텔에서 인터넷 사업을 향한 도전을 시작한지 20년이 되어간다. 인터넷서점인 예스24와 인터넷쇼핑몰인 인터파크에서 오랜 시간 마케팅 업무를 진행하면서 항상 중요하게 생각하던 것이 시장을 바라보는 관점이다. 그리고 매번 그 관점을 공통으로 관통하는 것이 바로 '소비자와의 동업'이다. 당신도 본래 마케터이기 이전에 일상의 소비자이므로 본인을 대하는 마음을 생각하면 고객의 마음을 읽을 수 있고, 고객과 함께할 수 있는 다양한 길을 떠올릴 수 있다.

우회 할인이나 당일 배송, 최저가 보상제 등 새로운 서비스를 선보일 때마다 소비자의 반응과 그들과의 관계가 중요한 요소였다. IT기술이 발달하고 시장도 복잡해지면서 마케터들의 고민만으로는 소비자와의 동업이 어려운 일이라고 오해할 수도 있다. 그러나 4차 산업혁명 시대를 대표하는 신기술들은 마케터와 소비자의 관계를 예전보다 더욱 가깝게 만들어주어 더 쉽게 동업하며 새로운 사업 기회를 손에 쥘 수 있다.

...

소비자와 협업하는 기업은
스스로 성장한다

앞으로 마케팅의 핵심은 진정성이어야 한다. 소비자와 가까워
질수록 더 긴밀하고 진정성 있는 태도로 다가가야 하며, 한쪽의
희생이나 이용이 아니라 함께 이뤄나가는 것이 진정한 '동업'이라
는 점을 기억해야 한다. 이를 바탕으로 모두가 바라는 가치를 위
해 서로의 것을 주고받아야 동업 관계가 유지될 수 있다.

급변하는 기술의 속도를 따라가려고 애쓰기보다는 시장을 바라
보는 관점을 새롭게 정립할 때, 앞선 기술을 따라잡고 더 나아가
주도할 수 있다. 마케터가 지녀야 할 자세에 관해 강연할 때마다
"목적지까지 빠르고 안전하게 가려면 자동차 성능보다 운전능력
이 더 중요하다."고 말하곤 한다.

> "오늘날은 큰 물고기가 작은 물고기를 잡아먹는 게 아니라 빠른
> 물고기가 느린 물고기를 잡아먹는다."
>
> _ 클라우스 슈밥(Klaus Schwab), 세계경제포럼 회장

IT기술의 발달이 우리에게 많은 혜택을 주지만 그것을 어떻게
사용하는지에 따라 사업의 결과는 달라진다. 고객과의 동업은 바

로 이러한 새로운 기술을 고객 중심으로 활용하는 마케팅이다.

과거 소비자와의 동업은 인터넷 기술을 활용한 UCC, 후기 및 공유 등을 통해 마케팅 비용은 줄이고 그 효과는 더 키웠다. 이제는 고객이 제공해준 빅데이터를 인공지능과 사물인터넷을 통해 학습하고 수요를 예측함으로써 상품 제조, 물류 배송 등 주요 업무 단계까지 효율화할 수 있다. 또한 고객에게 개인화된 서비스를 제공함으로써 매출이 크게 성장하는 등 소비자와의 동업은 그 범위와 효과가 더 극대화되는 추세다.

이제 마케터는 고객이 더 편하게 활동할 수 있는 환경을 만들고, 이를 통해 제공받는 빅데이터를 제대로 해석하며 올바른 의사결정을 내릴 줄 알아야 한다. 소비자를 생각하는 마음을 기반으로 하여 서비스와 마케팅을 기획하고, 제공할 혜택과 경험을 정하여 고객과 긴밀하게 협업하며 서비스를 개선해나가는 선순환구조를 만들어 기업의 성장을 이끄는 마케터로 거듭나길 바란다.

참고문헌

◆ 김석기 · 김승렬 · 박재호 · 김진영 · 금동우, 『IT 트렌드 스페셜 리포트 2019』, 한빛미디어, 2018년

◆ 레이 갤러거, 『에어비앤비 스토리』, 다산북스, 2017년

◆ 마스다 무네아키, 『취향을 설계하는 곳, 츠타야』, 위즈덤하우스, 2017년

◆ 세스 스티븐스 다비도위츠, 『모두 거짓말을 한다』, 더퀘스트, 2018년

◆ 이경전 · 전정호, 『버튼 터치 하트』, 더난출판사, 2018년

◆ 이승훈, 『플랫폼의 생각법』, 한스미디어, 2019년

◆ 정재윤, 『나이키의 상대는 닌텐도다』, 마젤란, 2006년

◆ 정하웅 · 김동섭 · 이해웅, 『구글 신은 모든 것을 알고 있다』, 사이언스북스, 2013년

◆ 차경천, 『예측의 힘』, 올림, 2013년

◆ 크리스 앤더슨, 『롱테일 경제학』, 랜덤하우스코리아, 2006년

◆ 파코 언더힐, 『쇼핑의 과학』, 세종서적, 2011년

참고기사

- 「[글로벌 성장기업 11] 미국 '위워크(WeWork)', 기업가치 22조원… 공유 사무실 수요 늘며 급성장 손정의 사장이 5조원 투자… 아시아 공략 본격화」, 《이코노미조선》, 2017년 9월 5일자

- 「밀레니얼 세대 '대세'…"잡으면 살고 놓치면 죽는다"」, 《매일경제》, 2019년 2월 4일자

- 「스타벅스가 커피값 안 올린 비결 사이렌오더」, 《한국경제》, 2019년 4월 11일자

- 「영화 · 음악 · 침대 · 자동차까지…이젠 갖지 않고 '구독'」, 《중앙선데이》, 2019년 4월 20일자

- 「차 안의 '미니 편의점', 리테일 플랫폼으로 우뚝 선 자동차」, 《매일경제》, 2019년 2월 27

- 「퍼져가는 '언택트(untact) 마케팅'−"혼자 볼게요" 대세…무인주문 · 결제 봇물」, 《매경이코노미》, 2019년 3월 25일자

- 「'한국의 아마존' 꿈꾸는 쿠팡의 자신감은 어디서」, 《시사저널》, 2019년 4월 24일자

- 「Part4. 물류로봇 수요환경」, 《물류신문》, 2018년 12월 5일자

- 「[100대 사건_041] 국내 최초 온라인 쇼핑몰 '인터파크' 개장 〈1996년 6월〉」, 《전자신문》, 2012년 9월 17일자

- 「125년 백화점도 간판 내리게 한 아마존…'오프라인의 종말'」, 《파이낸셜뉴스》, 2019년 2월 17일자

팔지 않아도
팔리는 것들의 비밀

마케터의 기본기

초판 1쇄 인쇄 2019년 10월 11일
초판 1쇄 발행 2019년 10월 17일

지은이 주세훈
펴낸이 김선식

경영총괄 김은영
책임편집 권예경 **디자인** 김누 **책임마케터** 최혜령, 박태준
콘텐츠개발5팀장 이호빈 **콘텐츠개발5팀** 봉선미, 김누, 김다혜, 권예경
마케팅본부 이주화, 정명찬, 권장규, 최혜령, 이고은, 허지호, 김은지, 박태준, 배시영, 박지수, 기명리
저작권팀 한승빈, 이시은
경영관리본부 허대우, 하미선, 박상민, 윤이경, 권송이, 김재경, 최완규, 이우철

펴낸곳 다산북스 **출판등록** 2005년 12월 23일 제313-2005-00277호
주소 경기도 파주시 회동길 357 3층
전화 02-704-1724
팩스 02-703-2219 **이메일** dasanbooks@dasanbooks.com
홈페이지 www.dasanbooks.com **블로그** blog.naver.com/dasan_books
종이 (주)한솔피앤에스 **출력·인쇄** (주)민언프린텍

ISBN 979-11-306-2679-6 (03320)

다산북스(DASANBOOKS)는 독자 여러분의 책에 관한 아이디어와 원고 투고를 기쁜 마음으로 기다리고 있습니다.
책 출간을 원하는 아이디어가 있으신 분은 다산북스 홈페이지 '투고원고'란으로 간단한 개요와 취지, 연락처 등을 보
내주세요. 머뭇거리지 말고 문을 두드리세요.